中國鄉村發現

|连续出版物｜总第57辑｜2021（2）|

主　编/陈文胜
副主编/陆福兴　瞿理铜

湖南师范大学出版社
·长沙·

中国乡村发现

| 连续出版物 | 总第57辑 | 2021（2）|

主　编：陈文胜（湖南师范大学中国乡村振兴研究院院长、中央农办乡村振兴专家委员）

副主编：陆福兴（湖南师范大学中国乡村振兴研究院副院长、教授）

　　　　　瞿理铜（湖南师范大学中国乡村振兴研究院副院长、副教授）

主 办 单 位：湖南师范大学中国乡村振兴研究院

编 辑 部 地 址：湖南省长沙市岳麓区麓山路 370 号湖南师范大学里仁楼

邮　　　　编：410006

电 话 / 传 真：0731-88872694

网　　　　址：http://www.zgxcfx.com

书刊投稿邮箱：zhgxcfx@163.com

官 方 微 信 号：乡村发现

征　稿

来稿要注重田野调查，突出问题意识；注重农村发展实践尤其是乡村现实问题，提出能够进入农村基层实践、服务农村发展决策的对策建议；文风朴实，语言精练，通俗易懂，突出实例和数据，而非教条和空谈；篇幅在 3000 字以内，不存在知识产权争议；来稿请用电子邮件发至编辑部邮箱：zhgxcfx@163.com，并注明作者姓名、工作单位、地址及邮政编码（附个人简介及联系方式）。凡县乡干部、农民的来稿优先录用，与乡村无关或纯理论文章谢绝投稿（文学作品一律谢绝）。

小　启

因联系不便，请书中所采用图片的作者与编辑部联系，以便奉寄稿酬。

目 录

专　稿

中国的城镇化进程远比想象的复杂

⊙ 陈锡文

提出乡村振兴战略，绝不是不要城镇化，更不是把城乡发展对立起来，而是要从我国实际出发，把握好发展阶段的脉搏，科学引领我国现代化进程中的城乡格局变化。像我国这样一个有着十四亿多人口的国家实现现代化，这在世界上还没有先例，也没有现成的经验。从我们自身已有的实践来看，至少有三方面的情况已经比较清晰。

第一，我国国情的最大特殊性在于人口规模巨大，地区情况千差万别。从理论角度看，根据钱学森的系统理论，人类社会是一个开放的特殊复杂的巨系统，中国尤其如是。巨系统具有层次性，子系统之间的关系不仅复杂，而且随时间和情况的变化又有极大的易变性，系统的结构是不断改变的。这说明，在开放的环境下，中国社会这种复杂巨系统自身的运行特点所遵循的规律都有极大的特殊性，与一般国家迥然有别。解决我国的特殊问题在世界上没有现成的经验可以借鉴，更不可能照搬照抄别国的做法。从现实情况看，一个国家的国土面积和人口规模，往往对其城镇化道路和人口的城乡分布产生着很大影响。我国学者吴景超在 1937 年出版的《第四种国家的出路》一书中就分析到这个问题。他把世界各国分为四大类：一是人多地少，农业人口比重低，如西欧国家；二是人少地多，农业人口比重低，如美国、加拿大、澳大利亚等；三是人少地多，农业人口比重较高，如苏联；四是人多地少，但农业人口比重很高，如中国、印度及大多数亚洲国家。他认为，第四类国家要实行现代化，难度更大，非走自己独特的道路不可。正如习近平总书记所说，我国"即使将来城镇化达到70%以上，还有四五亿人在农村"。如果城乡之间的基础设施建设差距过大，城乡居民生活水平差距过大，城乡之间的公共服务差距过大，那惠及全体人民的现代化国家就不可能建成。我国人多地少，农业人口比重很高，要实现现代化，难度很大，必须走自己独特的道路。

第二，随着城镇化进程的推进，农村人口必然会逐步减少，有些村庄会因各种原因而逐渐消失，但这是一个"产业、人口、土地、社会、农村"五位一体的互动过程，更是一个渐进的历史过程，不可能一蹴而就。从发展规律来看，城镇化一般会经历城市化、郊区城市化、逆城市化和再城市化的过程。我国的城镇化过程相对比较特殊，1949年到1960年这段时间，城镇化速度和进程比较正常，城镇人口的比重从10.64%提高到19.75%。但从1961年开始出现了逆城市化，再往后由于户籍制度、粮票制度等一系列阻断农业人口城镇化措施的实行，我国的城镇化率长期在17%左右徘徊，直到改革开放后才所有变化。如果按常住人口计算，我国城镇化率从1978年的17.92%以平均每年约1个百分点的速度持续增长，2011年第一次超过50%，到2019年超过60%。需要注意的是，从2011年到2016年，虽然按照常住人口统计的城镇化率仍在不断上升，但外出农民工的增速却已明显放缓。这说明中国农业转移人口的城镇化进程远比想象的要复杂。

第三，城乡之间在经济、社会、文化、生态文明等各方面都具有不同的功能，这些功能在国家整体发展的过程中都必不可少，只有形成城乡之间不同功能的互补，才能使整个国家的现代化进程健康推进。因此不管城镇化发展到什么程度，乡村都不可能被替代、被消灭。城市的功能主要是集聚人口、集聚产业、集聚资金、集聚技术，形成经济发展的增长极，起到带动一个地区乃至一个国家经济社会发展的作用。乡村的功能则是更多地为城市提供生态屏障，为社会成员提供基本的农产品，同时保存国家和民族源远流长的优良传统、习俗人文和历史文化，体现为文明传承的功能。在某种意义上讲，城市和乡村是一个命运共同体，这两种功能都要存在，如果消灭其中任何一种功能，整个经济社会就很难正常健康发展。从这个角度讲，我们不可能只建设发达的城市，而罔顾落后的农村，那样就不可能建成现代化的国家，城乡居民也不可能同步迈入全面小康社会，所以国家不能让乡村衰败。随着人均GDP的快速增长，我国农业农村不但要保障十四亿多人口对农产品数量和质量的正常需求，满足人们最基本的生存条件，还要进一步拓展其功能外延，表现在教育、文化传承、环境保护、社会保障、经济缓冲等方面，承担的任务更加复合而繁重。

在对城镇化问题进行国际比较时，有三个问题值得注意。第一，各国的城镇化具有不同的形式，既有大集中、小分散的，如日本的东京地区居住着超过全国1/4的人口；韩国的首尔地区居住着约全国一半的人口。也有大分散、小集中的，如德国，总人口8400多万，全国有11个都市圈，2065个各类城市，但人口超百万的城市只有3个，柏林340万人，汉堡170万人，慕尼黑120万人，三大市合计人口只占全国总人口的7.5%。第二，各国城镇化的统计口径各不相同。如按世界银行的统计，2016年日本人口城镇化率为92%。但日本认为这是按"市"的行政区域进行的人口统计，而日本自身的统计中没有"城镇化率"这个指标，其使用的是"人口密度"的指标，即每平方公里人口密度达到4000人以上、集聚的总人口超过5000人则为"人口集聚区"。日本全国居住在"人口集聚区"范围内的人口，约占70%。第三，在人口城镇化率不断提高的过程中，不少国家和地区都在关注如何保持乡村的活力。如韩国搞过"新村运动"，日本实施了"乡村重建"计划。所以习近平总书记在2017年年底的中央农村工作会议上提出，我国实施乡村振兴战略也是为全球解决乡村问题贡献中国智慧和中国方案。因此，实现乡村振兴是由我国基本国情所决定的必然要求。

（作者系湖南师范大学中国乡村振兴研究院首席专家、全国人大农业与农村委员会主任委员）

如何推进脱贫攻坚与乡村振兴衔接

⊙ 陈晓华

党的十九大把脱贫攻坚作为三大攻坚战之一，向人民做出了庄严承诺，而乡村振兴作为党的七大战略之一写入了党章。抓好这两件事，做好脱贫攻坚与乡村振兴的衔接，关系全局，影响深远。

一、做好脱贫攻坚与乡村振兴衔接是当前农业农村工作的一项重要内容

农业和农村的发展已经进入新的时代，处在一个非常关键的历史时期。一方面，脱贫攻坚取得全局的决定性的胜利，农民一个不落地进入小康社会，这是非常重大的一个历史性成就。另一方面，乡村振兴全面地开局起步，要为实现农业农村的现代化奠定坚实的基础。所以，现在正处在"两个一百年"的交会期，统筹做好脱贫攻坚与乡村振兴的衔接非常重要。如果搞得好，我们就能够使脱贫摘帽的农村地区和贫困人群通过实施乡村振兴更好地巩固脱贫的成果，接续地推动经济社会发展。如果搞得不好，就可能使脱贫摘帽地区的人群出现返贫，使这些地区和发达地区的差距进一步拉大。因此，中央对解决好乡村振兴和脱贫攻坚的衔接问题高度重视。2018年中央一号文件就明确把做好脱贫攻坚与乡村振兴衔接作为一个重大的任务首次提了出来。2019年中央一号文件再次强调了这个问题。党的十九届四中全会也明确要求，要建立解决相对贫困的长效机制。

这就需要使脱贫攻坚跟乡村振兴很好地衔接起来。

对贫困地区来讲，现在是一个非常关键的时候，各地的情况不一样，进展的程度不一样，主要面临着三类问题。第一类是深度贫困地区和特殊贫困人口如期脱贫的问题，啃下这个硬骨头是一场硬仗。不仅"三区三州"，在西部不少省也有这样的现象。这一类要毫不松懈地推进脱贫。第二类是已经摘帽和脱贫的县怎么减少和防止返贫的问题。应该说这个任务更重，这类地区必须首先盯住。第三类是早期脱贫的搞得比较好的地区怎么和乡村振兴衔接好、怎么从前一个阶段转入到后一个阶段的问题。这三类问题说明，不同的地区都有不同的工作重点和工作任务。

乡村振兴和脱贫攻坚实际上是一个问题的两个方面，是相辅相成、有机统一的，总体上都是要人民富裕。当然不同的工作要求不同的任务，具有不同的特点。在工作的要求上，脱贫攻坚重点是解决好"两不愁、三保障"问题，这是脱贫攻坚必须始终锚定的目标。我们既不能把它人为抬高，也不能搞缩水。乡村振兴更全面、层次更高。所以，这两个事在目标的要求上是不完全一样的，在时间的节点上也有所不同。脱贫攻坚的要求很明确，就是2020年必须完成，而乡村振兴应该说要伴随整个农业农村现代化的长过程。所以，中央下发的《乡村振兴战略规划》规定了阶段性目标，到2022年也就是党的二十大，乡村振兴要搞到什么程度。到2035年，中国基本实现现代化，乡村振兴又要搞到什么程度，甚至远景谋划到2050年。所以，它是一个长期的任务。如果说脱贫攻坚是攻坚战，乡村振兴则是持久战，在各个时间节点要求都不一样。另外，在工作对象上也有所不同。脱贫攻坚主要是瞄准贫困县、贫困乡、贫困村，特别是贫困户，要精准到户，而乡村振兴涉及到所有农村、所有农民、所有农业，所以要求范围也是不一样的。通过乡村振兴来实现农业强、农村美、农民富，我们应该把握好这两个重点、这些不同的地方。

就两者的关系来看，脱贫攻坚是乡村振兴的重要前提和优先任务，这是中央反复强调的。也就是说，没有脱贫，全面小康也好，农业农村现代化也好，就失去了前提，就是一句空话。2017年，习近平总书记在中央农村工作会上强调七条乡村振兴之路，其中有一条就是走中国特色减贫之路。另外，乡村振兴是巩固脱贫成果接续向前发展，最终实现共同富裕的必然要求。所以，从实践到理论都要做好这两个衔接。

二、做好脱贫攻坚与乡村振兴衔接有许多有利条件，也面临不少困难和挑战

这些年我们脱贫攻坚取得了重大的历史性成就，为乡村振兴创造了很好的条件。

一是贫困地区的产业发展有了很大进展。和过去比，产业发展的水平有了很大的提高。大体上"五个一批"脱贫措施，其中产业脱贫是根本举措，一半贫困人口实现脱贫。

二是贫困地区的基础设施条件有了很大改善，尤其是水、电、路、气、房、通讯。实事求是地讲，国家也好，社会也好，这些年在这方面的投入是不少的。甚至一些村的基础设施条件、村容村貌、农民住房，比一般的非贫困村还好得多。也就是说，我们一些贫困村的建设至少在基础设施上已经大大超前了，这不能不说是一个成就。

三是贫困地区的人才保证状况有了很大改善。人力的支持、人才的支持、干部工作队伍的支持，对贫困村面貌的改变是起了决定性作用的。我经常到一些村，将问题讲得清楚、讲得明白的还是第一书记，还是那些工作队员，反而我们原来的一些村干部和农民自己讲不清楚。这不能不说是一种遗憾，但也体现出扶贫干部在脱贫攻坚中发挥的重要作用。

所有这些都是我们做好脱贫攻坚与乡村振兴衔接的有利条件，特别是我们通过脱贫攻坚，总结了很多有效的农村改革发展经验，培训和造就了一大批热爱"三农"的干部。这个财富是巨大的，影响是深远的，是乡村振兴的重要基础，但是也要看到乡村振兴和脱贫攻坚衔接还有些问题需要认真研究解决。

突出的有以下几个：

一是如何提高贫困地区产业发展的市场化程度的问题。农村产业要发展起来，没有五六年时间，是成不了气候的。因为规模、产业链条、产业体系的形成不是靠两三年几十万的扶持项目就能解决的，恰恰在这一点上很多贫困地区还是短板。经营主体的市场发育程度不够，尤其是产业链条没有完全形成。虽然每个村都有几个发展项目，但从一个区域、一个产业体系建设的角度来看，还有很多问题要解决。这主要是因为什么？产业体系的形成和发展主要靠市场这只手，要形成产业体系，要培育壮大主体，必须用市场经济的办法来解决问题。

二是如何激发内生动力的问题。不可否认，在脱贫攻坚的过程中，一些地方、一些贫困人群不同程度地存在"等靠要"思想。也就是说，干部在干，群众在看。正因为如此，对干部来讲，不能搞形式主义，不能搞数字脱贫、虚假脱贫；对群众

来讲，就是不能养懒汉，要激发其内生动力。乡村振兴农民是主体，解决内生动力问题仍有大量工作要做。

三是如何保持脱贫攻坚政策的稳定和连续性问题。这些年，在脱贫攻坚上，从上到下都有很多特殊的政策和非常的措施。转到乡村振兴以后，如何把这些特殊的政策转化为制度性的安排，包括一些非常的措施变成常规化的措施，都需要进一步研究。攻坚战的办法和战略战术不一定适合于持久战，持久战要久久为功，打法和招数就要有新的变化。在这一点上，需要上下共同努力，既要搞好顶层设计，更需要实践的探索。

三、做好脱贫攻坚与乡村振兴衔接需要抓住关键问题

一是做好领导体制的衔接。脱贫攻坚能取得进展和实效，关键是中央率先垂范，总书记亲历亲为，带动五级书记亲自抓。怎么样把这种体制、把这个劲头，按照"四个优先"的原则转化为乡村振兴的机制和体制还需要进一步研究。要不然就会出现反复，特别是贫困县脱贫攻坚几年以后，干部可以调动了，哪些是短板需要补，哪些是重点需要抓，不衔接好就可能又走弯路。中央强调乡村振兴也要五级书记亲自来抓，这就需要建立一套工作制度，特别是考核标准。怎么样把脱贫攻坚的督导、考核的办法转移到乡村振兴工作的要求上来，也需要实践去探索。所以，现在有的地方脱贫攻坚告一段落以后，乡村振兴的领导小组也是党委政府的一把手，这样能够接续地把一些事情处理好。

二是做好发展规划的衔接。脱贫攻坚是硬任务，有进度、有计划、有项目、有资金保证，搞得比较扎实。而乡村振兴是个持久战，也应该有一些重大的工作安排、进展要求和工程项目。要不然，放在那儿几年，最后面貌依旧。所以，在这一点上，要做好两个规划的衔接。要结合脱贫攻坚的完成情况和乡村振兴新的目标要求，缺什么补什么。现在的规划纲要重点是要抓好县、乡、村的规划，中央的文件是一个纲要，是一个指导性的意见，具体的安排还要通过县、乡、村来具体部署和落实。

三是做好政策保障的衔接。脱贫攻坚有一整套人、地、钱，也包括教育、医疗、住房等一些政策。这就需要我们研究在乡村振兴期间怎么使这些行之有效的优惠政策转化为制度性的安排。中央很明确，就是要保持政策的连续性和稳定性，即使有调整，也应该有一个过渡期。当然，乡村振兴的政策和针对特殊贫困户的

政策可能会有不同，因为乡村振兴政策更要讲究区域性，更要讲究普惠性，就不可能针对一些个体设计一套体系，而是主要针对一个区域发展实行一个普惠性的政策。

四是做好重点举措的衔接。脱贫攻坚的举措重点是三项，一项是产业发展，一项是基础设施建设，一项是公共服务水平。这三件事情在脱贫攻坚中要解决好，在乡村振兴中更要解决好。所以，原有的一些安排和部署怎么和乡村振兴的计划、规划和要求衔接起来，就需要认真地梳理。产业怎么升级要考虑，基础设施怎么完善配套要考虑，公共服务水平怎么提高要考虑，这些重点的举措要分门别类地采取措施。

五是做好工作队伍和人才的衔接。随着城镇化的进程，农村人口减少是个大趋势，我们只能适应这个趋势，尽可能消除这个趋势下对农村带来的负面影响。城镇化背景下的空心化、老龄化，世界各国都不同程度地面临着这样的难题。一个乡村没有人、没有人才、没有人气，怎么来振兴。所以，习近平总书记讲六个振兴，第一位就是人才振兴，应该说抓住了根本。人才振兴怎么办？首先要留下来。也就是说，我们原来的扶贫工作队、第一书记、帮扶同志，当然不可能把他们都留下来，但是要通过适当的办法进行探索，不要人走了以后，很多事情就接续不上了。其次要引进来。主要是三类人，一类是下乡返乡创业的人，这类人主要是针对产业发展的。第二类是有技术的专家、医生、教师，主要是提高他们的公共服务能力和水平。第三类是有志于退下来的返乡干部，主要是在乡村治理中发挥他们的积极作用。再次要培养人。把立足点放在培养乡土人才上，这才是根本。农村要长治久安，农村要实现可持续发展，没有乡土人才的成长是很难想象的。应该有计划地、大规模地、持久地培养一批乡土人才。

（作者系全国政协农委副主任、中国农业经济学会会长，本文为作者在中国乡村振兴高峰会议暨首届"县委书记共话乡村振兴"研讨会的主旨演讲）

热点问题：名家讲座

乡村振兴关键在改革

⊙ 赵晖

　　自党的十九大首次明确提出实施乡村振兴战略以来，新时代全面推进乡村振兴的宏伟蓝图正逐步展现于世人面前。而真正实现乡村振兴，关键在推进改革，激发乡村的内生动力。

近 15 年来乡村建设概要

　　乡村振兴实际上有一个发展过程。第一个阶段可以说是 2005 年十六届五中全会提出加快社会主义新农村建设开始的，当时明确提出"三农"工作是全党工作的重中之重，并提出了 24 字方针，从此之后，中央对"三农"资金的投入大幅增加，对农村基础设施建设的投入也逐步增大、支持的范围也逐步扩大，陆续包括了水、路、电、气、房等。可以说中国政府对农村基础设施建设的较大规模投入是从这个时点开始的，但总的来看，那时候新农村建设的深度和质量还有局限性。客观看主要原因还是当时经济能力有局限。

　　第二个时期是 2012—2017 年，中央继续在社会主义新农村建设的提法下启动了新一轮推进工作，农村人居环境治理领域学习浙江千村示范、万村整治经验，掀起了新高潮。在浙江桐庐召开了全国第一次农村人居环境整治的现场会，之后每两年召开一次全国现场会，时任国务院副总理汪洋同志出席并进行工作部署。住建部具体负责牵头，会同许多部委协力推进。这一阶段力度大大增强，一是地方建立起强有力的领导机制，各省都建立起了以省委书记或省长为组长的领导小组，中央的指导检查机制也运转起来了。二是与第一阶段以中央投入为主的状况相比，这一阶段地方特别是各省级的投入明显加大。这一阶段是我国农村人居环境面貌变化十分显著的时期。比如2014年全国60%的村庄，垃圾处于无人管的状态，到2019年，垃圾得到了收集转运处理的村庄达到了90%以上，全国各地村容村貌明显改观。

2017年之后，十九大和十四五规划相继提出了乡村振兴，今年又颁布了《乡村振兴促进法》，相信乡村振兴的力度会进一步加大。

农村建设三阶段规律和我国所处的阶段

日本、欧洲学者总结本国农村建设发展历程，发现一个共性，即各国都分别经历了三个阶段：第一阶段是基础设施建设阶段，如水、路、电等；第二阶段是环境治理阶段，如垃圾污水治理和农村生态治理；第三阶段是乡村景观和乡村文化及观光旅游发展阶段。

我国农村建设过程也符合三阶段规律，总体看目前我国农村处于第二个阶段的中期，即环境治理阶段的中期。这一判断是基于我们对全国农村建设的详细调查。我们每年会对全国村庄的人居环境进行一次调查。比如目前通路、通电、房屋安全等基础设施大部分农村已经建设完成，少数地区没有完成。环境治理方面，垃圾治理覆盖率达到90%以上，改厕率还不到80%，实现污水治理的村庄仅有30%不到，汇总结果显示，处于第一个阶段的村庄占33%，处于第二阶段的村庄占53%，已经进入第三个阶段的村庄是14%。中央及国务院关于农村人居环境治理的两个文件，在指导思想部分也都强调了这一判断，提出以改善农民基本生活条件为底线，即以完成第一阶段任务为底线；以乡村环境治理为重点，即全国大多数村庄应以第二阶段任务为重点；以美丽乡村建设为导向，即目前第三阶段任务还是导向，只能在有条件的地区开展。这就明确了我们当前的工作重点。

预计第二阶段任务的完成还需要10年左右，而全国实现美丽乡村要到本世纪中叶。

未来中国乡村趋势的若干思考

有一个令人思考的现象，前一阶段我们从事乡村建设的同事们干得热火朝天，农村面貌发生了很大变化，大家积极性很高。但最近大家对农村未来反而开始有些担心和忧虑。虽然国家对乡村建设的投入日益加大，农村的房子、设施与环境一年比一年好，但却眼睁睁地看着农村空心化、老龄化日益加剧，留不住人。在老家种地不能维系生活，种地纯收入只数几百元，大家都去打工了。人口七普显示，人口向经济发达地区、特别是向头部城市集中的趋势在加剧，中西部地区的地级市以下人口净流出速度也在加快，我国城乡发展力和吸引力，从人口流动上来看差距在拉大。即使一些发达地区的质量很高的美丽乡村，其常驻人口也不到20%，且都是老人。像松阳这样搞得不错的乡村，占全国村庄的比例是很小的。当然城镇化是必然趋势，但中国乡村不断空心化、留不住人的趋势看不到尽头。

未来村庄肯定会分化，国际上如此，我国也同样。靠近城市的村庄不会消失，甚至人口会增加，如珠三角一带的村庄，当然其功能也会变化。平原的大农业地区的村庄也不会消失，但人口会逐步减少。偏远山区的村庄，少部分可通过发展乡村旅游业等生存下去，如传统村落，有文旅资源且必须保护的。更多的村庄空心化程度将日益加剧。在这个分化过程中，长期生存并发展下去的村庄的重要共性之一是，附加价值更高的二、三产业进入乡村。

中国农村衰落的根本原因还是二元体制，优秀资源向城市"单向通行"，向农村许多情况是"禁止通行"，如房屋自由买卖及城市人稳定入乡、以县城为中心的二、三产业一点集中式布局。农村只有农业、农村只有农民，这是中国特有的局面。在城乡均衡发展的发达国家，城乡只是人口产业分布密度上有差异的空间，而不是人口产业性质上有差异的空间。因为他们没有城乡二元制障碍。

松阳模式很成功，在中国也有代表性，通过文化引领振兴乡村，通过发展文旅让城里人下乡旅游。但这种城乡融合局限于一种临时型的融合，不是长期稳定型的融合。

未来中国乡村振兴的根本举措是改革，要打破二元制障碍，让城乡发展机会均等化。要让乡村地区也有二、三产业，要让在乡村生活的人也能挣到与在城里差不多的钱，才能从根本上解决留不住人的问题。这里涉及农村土地制度改革、城里人下乡择居权问题、县域规划和产业布局理念和政策等问题。此外农村规模化经营也应再次提到改革议程上来。目前我国的土地流转成本相当高，一亩地要支付承包权所有者的农民高达近千元，种粮食是赚不回来的，自然非农化。从我国农村长远走势看，从客观发展规律看，农村一些重大问题改革应加以研究思考。

（作者系原住房和城乡建设部总经济师，本文系作者在乡村复兴论坛·松阳峰会上的演讲）

乡村振兴国家战略的新阶段与新机遇

⊙ 程国强

一、乡村振兴战略的提出与实施进展

乡村振兴战略作为十九大提出的我国全面建成小康社会必须实施的七大战略之一,是党中央着眼党和国家事业全局,对"三农"工作作出的重大决策部署,是决胜全面建成小康社会、关系全面建设社会主义现代化国家的全局性、历史性任务,是新时代"三农"工作总抓手。

新时代我国的社会主要矛盾是人民日益增长的美好生活需要和不平衡不充分的发展之间的矛盾。而发展最大的不平衡是城乡的不平衡,最突出的不充分是农业农村发展的不充分。迫切需要补齐农业农村短板弱项、加快消除不平衡不充分。

实施乡村振兴战略的时间表和目标任务,是根据"两个一百年"奋斗目标的进程设计的。乡村振兴战略要在 2020 年取得重要进展——形成制度框架和政策体系;在 2035 年取得决定性的进展——基本实现农业农村现代化;在 2050 年实现乡村全面振兴——农业强、农村美、农民富全面实现,让农业成为有奔头的产业,让农民成为有吸引力的职业,让农村成为安居乐业的美丽家园。

当前,我国乡村振兴战略实施取得了重要进展。主要体现在,乡村振兴制度框架和政策体系已基本建成,农村同步实现全面建成小康社会的历史性目标已经完成。现代农业建设取得了重大进展，乡村振兴实现良好开局；新时代脱贫攻坚目标任务如期完成，现行标准下农村贫困人口全部脱贫，贫困县全部摘帽，消除了绝对贫困和区域性整体贫困，创造了人类减贫史上的奇迹；农村人居环境明显改善，农村改革向纵深推进，农村社会保持和谐稳定。特别是近几年我国面对诸多风险挑战，从中美贸易摩擦到新冠肺炎疫情，给我国经济社会发展带来巨大的考验和冲击。乡村振兴战略的扎实推进，为我国战胜这些艰难险阻、稳定经济社会发展大局发挥了"压舱石"的作用。

二、新阶段乡村振兴的历史方位和战略定位

党的十九届五中全会明确要求加快构建以国内大循环为主体、国内国际双循环相互促进的新发展格局。在新发展阶段构建新发展格局的历史背景下，必须立足国内国际两个大局来认识、把握乡村振兴的历史方位和战略定位。

一是从中华民族伟大复兴战略全局看，民族要复兴，乡村必振兴。全面建设社会主义现代化国家，最艰巨、最繁重的任务依然在农村，最广泛、最深厚的基础依然在农村，必须加快解决发展不平衡、不充分问题，补齐农业农村短板弱项，推动城乡协调发展。

二是构建新发展格局，把战略基点放在扩大内需上，其潜力后劲在"三农"，迫切需要扩大农村需求，畅通城乡经济循环。2019 年城乡居民收入和消费倍差仍分别高达 2.64 和 2.11，2020 年城乡收入差距虽然有所缩小，但仍达 2.56。目前乡村消费品零售额只有 6 万多亿元，占社会消费品零售总额（41 万亿元）的比重不到 15%。如果全面推进乡村振兴，促进农民增收致富，加强农村公共服务和保障，把农村的 6 万亿消费品零售额增加扩容到 10 亿元、20 亿元，今后的内需潜力后劲不言而喻。实现乡村宜居宜业、农民富裕富足，深挖乡村这一潜在的巨大消费投资市场，是扩大内需、促进消费稳定增长的重要着力点。与此同时，随着城镇居民对绿色优质农产品、乡村休闲旅游等物质产品和非物质产品需求的不断增加，要促进深度开发乡村生态涵养、体验休闲、文化传承等多功能，从而形成需求牵引供给、供给创造需求以及城乡相互促进的双循环新格局。

三是从世界百年未有之大变局看，应对国内外各种风险挑战，基础支撑在"三

农"，迫切需要稳住农业基本盘，守好"三农"基础。为此，中央特别强调，新发展阶段"三农"工作依然极重要，须臾不可放松，务必抓紧抓实。要坚持把解决好"三农"问题作为全党工作重中之重，把全面推进乡村振兴作为实现中华民族伟大复兴的一项重大任务，举全党全社会之力加快农业农村现代化，让广大农民过上更加美好的生活。

三、2021 年中央一号文件核心要点与重点政策解读

2021 年中央一号文件按照统筹国内国际两个大局，办好发展和安全两件大事的要求，对全面推进乡村振兴进行全局性谋划、战略性布局和整体性推进，为新发展阶段全面推进乡村振兴，明确了目标、指明了方向。与 2018 到 2020 年三个以乡村振兴为主题的一号文件不同，这次文件由过去顶层设计、搭建制度框架，转向更加突出政策引领，细化实化推进举措；由集中资源优先决胜脱贫攻坚部署，转向常态化全面推进实施安排；由突出重点、典型示范，转向五大振兴全面推进。目的在于通过全面推进乡村振兴，加快补上农业农村现代化短板，赶上全国现代化步伐，为全面建设社会主义现代化国家开好局、起好步提供有力支撑。

文件核心要点可概括为一个总体要求、两个基本底线、三个推进重点。一个总体要求是：促进农业高质高效、乡村宜居宜业、农民富裕富足；两个基本底线是：坚决守住脱贫攻坚成果，牢牢把住粮食安全主动权；三个推进重点是：加快推进农业现代化，大力实施乡村建设行动，加强党对"三农"工作的全面领导。

推进农业现代化进程中，要注重农业的三大功能效能：一是产品供给，必须持续提升粮食和重要农产品供给保障能力，这是最基本的功能；二是生态屏障，必须发挥农业生态服务功能，使乡村看得见山、望得见水，成为美丽中国的"生态屏障"；三是文化传承，要挖掘农耕文明，复兴乡土民俗，留住乡愁记忆。此外，这次文件中第一次提出加快县域内城乡融合发展，把县域作为城乡融合发展的重要切入点，统筹县域产业、基础设施、公共服务、基本农田、生态保护、城镇开发、村落分布等空间布局，强化县城综合服务能力，把乡镇建设成为服务农民的区域中心。这充分体现了中央推进以人为核心的新型城镇化的新战略、新要求。

四、企业在乡村振兴战略实施中面临的机遇

围绕乡村振兴国家战略的新机遇，包括广大国资国企在内的企业要理解重点政策，主动辨识机遇：一是从产业发展角度，要推进乡村一、二、三产业融合发展，拓展农业产业链，打造供应链，提升价值链，推进产业特色化、品牌化、绿色化、融合化，需要从中发现企业的新机遇、新方向和新视角；二是市场投资角度，城乡融合发展的切入点是县域，通过县域进行操作和布局，强化县城的综合服务能力，需要从中探寻投资新商机、发展新空间；三是社会责任角度，企业必须承担全面振兴乡村的社会责任、拥有农业农村现代化的历史担当，为实现共同富裕贡献力量。

以浙江省丽水市为例，丽水市在浙江省不是发展条件最好的地方，但拥有较好的生态资源优势。该地深入践行"绿水青山就是金山银山"理论，因地制宜制定"乡村振兴战略"推进路径，聚力"绿色发展、科学赶超、生态惠民"。坚持发挥市场配置资源的决定性作用，同时发挥好政府的作用，尤其是注重发挥国有资本的引领作用这个制度优势，通过成立丽水市农业投资发展有限公司，以"丽水山耕品牌运营＋农村产权及金融服务＋农旅项目建设及营销"为核心营运机制，打造覆盖丽水市全区域、全品类、全产业的地市级区域公用品牌——"丽水山耕"，赋能生态产品、助推产业兴旺、激活生态价值。丽水市以此为抓手，引领激活各类投资主体、市场要素，从标准化、电商化、金融化等方面建立"丽水山耕"生态圈，并推动"丽水山耕"全链条标准化升级。目前"丽水山耕"年销售额近 90 亿元，连续多年蝉联中国区域农业形象品牌排行榜榜首。不仅激活唤醒了农村沉睡的资产与资源，促进了乡村产业高质高效发展，而且成为各类企业参与乡村振兴创新创业、拓展项目的重要发展平台和投资机遇。

在全面推进乡村振兴中，企业的战略定位分两个维度：一是如何能够参与乡村的产业振兴，如各地对乡村产业振兴有巨大的需求，包括如何做大做强乡村特色优势产业，如何依托各地资源禀赋、产业基础，开发名优优势产品，提升农产品品牌影响力，促进乡村产业提质发展，这些既是企业下乡投资、挖掘项目的重要机会，也是企业为乡村产业振兴贡献力量的重要方向；二是如何参与乡村建设行动，包括村庄规划、乡村基础设施建设、提升乡村公共服务功能、参与人居环境整治、建立美丽宜居宜业乡村等方面。围绕推进实施乡村振兴战略，各地都在探索优化乡村产

业发展平台、强化科技支撑能力、优化农村营商环境、扩大农业农村有效投资、加强乡村人才培养等。特别是各地都有具体举措，希望多渠道撬动金融机构、国有企业、涉农标志性龙头企业等参与乡村振兴，引导更多社会资本投入"三农"。可以说，参与乡村振兴的产业发展、建设项目，投资机会很多，各类企业都能做出重要贡献。

（作者系中央农办、农业农村部乡村振兴专家咨询委员会委员，同济大学特聘教授，本文为作者在第 25 期国资大讲坛上所作的主旨演讲）

食物政策给人类生活带来的巨大改变

⊙ 樊胜根

回顾过去十年担任国际食物政策研究所（IFPRI）所长的经历，我清晰地看到食物政策给人类生活带来的巨大改变。2019年年底，我的所长任期将结束。我想借此机会分享自己在过去四十多年从事食物政策研究的一些经验体会，帮助人们更好地了解如何才能最大限度地利用食物政策帮助全人类消除饥饿，确保食物和营养安全，同时保护我们的环境和地球。

一、不断变化的全球格局

自 20 世纪 70 年代末我进入食物政策领域工作以来，全球农业食物政策形势在诸多方面都发生了变化。从 70 年代到 90 年代，研究和政策侧重于提高主要谷类作物产量，以满足不断增长的人口需求。中国、印度和埃塞俄比亚等地的严重食物短缺是造成这一迫切需求的原因。2000 年，国际社会将注意力转向了涵盖面更广的联合国千年发展目标，致力于一举解决一系列发展问题，包括到 2015 年实现世界贫困和饥饿人口减半的目标。

21 世纪前十年，我们一直在应对食物价格上涨、极端气候条件和全球食物系统结构所面临的各种挑战。随着 2015 年千年发展目标的结束，国际社会的注意力集中到制定可持续发展目标上。与此同时，营养、城市化和气候变化等议题成为众人关注的焦点，而所有这些都与食物安全密切相关。自 2017 年以来，世界格局又出现新变化，反全球化与单边主义情绪高涨，对贸易、投资、移民、气候变化、全球治理等领域产生了深刻影响。

过去数十年发生的这些变化告诉我们，全球农业食物系统内部与外在的联系日益紧密，已逐渐跨越国家和地区边界，并与其他领域联系在一起。这一趋势对IFPRI 在过去十年中如何开展研究、研究哪些问题以及如何看待未来均产生了广泛的影响。在过去十年里，IFPRI 不仅适应了这些新趋势，而且充分利用数据与严谨的研究成果，为全球和国家层面的政策制定积极建言献策。

二、立足国家与地方政策环境

我们深刻地认识到：必须因地制宜，制定有效的食物政策。促进人们食物和营养安全的力量大部分来自国家和地方，要想有所作为，IFPRI 必须实地考察，了解各国当前所面临的挑战和所寻求的解决办法。

在过去的 10 年里，我们扩大了 IFPRI 在全球的办事处分布。我们设立了东非、南非以及西非区域办事处。为帮助各国应对所面临的具体政策挑战，我们在孟加拉国、刚果民主共和国和巴基斯坦启动了国家战略支持项目。我们还扩充了中国办事处，使其研究工作内容涵盖东亚和中亚，并将我们在埃及的项目扩大至中东和北非。这些国家与地区办事处不仅为政策研究提供依据，而且有助于各国在重点关注自己国家的优先问题的同时加强其研究和分析政策的能力。

这成为我们与当地政策制定者合作的有效方式。如今，我们不再侧重于华盛顿总部确定的研究重点，而是依据当地的实际需求，来解答实地人员提出的政策问题。当我们以这种方式与当地人合作时，我们发现他们更愿意将政策研究结果提交给政策制定者，而政策制定者也更愿意倾听，因为他们了解当地面临的最紧迫的挑战。这种方法不仅提高了我们作为研究机构的效率，而且最重要的是，它还有助于确保我们的研究解决了正确的问题，并将研究结果用于制定更好的政策。

IFPRI 的"2025 协定"便是这种合作方式的延伸，其目标是最终在 2025 年消除饥饿和营养不良。如果不消除饥饿，实现任何其他可持续发展目标都毫无意义。2014 年罗马第二届国际营养大会和可持续发展目标制订时，我们已经明确，消除饥饿需要利用数据、知识和基于研究的证据更快地取得进展。虽然一些国家已经取得了巨大进展，证实了消除饥饿的可行性，但其他国家依然进步甚微。经过可行性研究，我们选择了一个比 2030 年可持续发展目标更加具有挑战性的目标，将消除饥饿和营养不良的目标时限定在 2025 年。目前正顺利实施的"2025 协定"已成为全球性知识中心，可为各国提供以证据为基础、以行动为导向的战略支持。

三、运作良好的市场是关键

基于当地环境，在地方、区域、国家和全球层面为农业投入品和农产品建立运作良好的市场并获得市场准入是经济发展以及在日益经济全球化的世界中实现食物和营养安全的关键。然而，发展中国家所付出的努力常常因政策无效、制度不健全和基础设施不完善而受阻。对发展中国家而言，食物价格不稳定也是一个重要的风险来源，因为食物价格波动与食物安全的稳定性密切相关。这在 2007—2008 年食物价格危机期间表现得尤为明显。

为应对这次食物价格危机，IFPRI 建立了食物价格过度波动预警系统，以便及时提供食物价格波动水平相关信息，这一点对政策制定者制定国家级应急计划至关重要。IFPRI 未来的工作，将继续有助于我们更好地认识在风险管理、集体行动、市场失灵和市场缺失方面所面临的挑战和机遇，并优先安排公共投资以加强实体基础设施建设。

四、积极开展新型合作

世界农业食物系统的复杂性和相互依赖性意味着单打独斗已经没有出路。近年来，我们听到了很多关于打破筒仓思维的重要性的言论，这项任务既会带来新的难题，也会带来新的回报。在 IFPRI，我们在与外部组织和个人建立日益广泛且深入的伙伴关系方面取得了丰硕成果。过去，我们发现自己与联合国粮食及农业组织（FAO）以及世界粮食计划署（WFP）等存在竞争关系。现在我们将自己视为这些机构的合作者。例如，IFPRI 与世界粮食计划署（WFP）合作了旨在减少孟加拉国儿童发育迟缓的试验试点项目并证明了它的有效性。现在，孟加拉国政府正在推广这一计划，将其作为社会安全网的组成部分。

在我任所长期间，IFPRI 一直与私营企业、民间社会团体以及发展中国家的合作伙伴等不同类型的参与者保持合作，这一点令我无比欣慰。例如，IFPRI 目前正与荷兰发展组织（SNV）及荷兰国际合作总局共同努力加强 6 个国家 51 个地方民间团体的能力，积极倡导维护低收入和边缘化社群的利益。荷兰发展组织帮助这些团体制订倡导策略，而 IFPRI 加强了他们对证据的使用能力，为他们的倡导工作提供支持。这些合作关系以及与其他许多国家的伙伴关系有助于提高我们的工作质量，增强发展中国家的能力，从而产生更深远的影响。

五、加强营养同样重要

过去，农业研究和食物政策侧重于尽可能提高大米、小麦和玉米等主粮的产量。然而，营养学研究表明，儿童的健康发育不仅在于摄入足够的卡路里，还取决于包含必需的维生素和矿物质的高质量饮食、健康的环境和照料人员的良好照顾。这一认知已从根本上改变了 IFPRI 的工作。显然，营养在整个生命周期中影响着人们的健康和福祉。

在过去的十年里，我们一直从多方面努力推进改善营养。2011 年，IFPRI 在印度新德里举办了"利用农业改善营养和健康"的国际会议，开启了关于如何推进农业、营养和健康综合策略的讨论。与 IFPRI 早期工作主要侧重于生产、市场、贸易和消费方面相比，这是一个显著的变化。IFPRI 还领导着 CGIAR "农业促进营养与健康"（A4NH）研究项目及作物营养强化项目（HarvestPlus）。这些项目在研究领域产生了重大影响。

六、运用食物系统观点

当更好地了解了这个错综复杂且相互联系的世界时，我们还认识到，必须从整个食物系统的角度全盘考虑问题，并且用这一思想指导政策研究工作。仅仅研究生产还远远不够，例如，农民的生产系统对土地和水资源利用、气候、贫困、营养及其他条件均产生影响，而人们对食物、纤维和燃料的消耗同样对所有这些领域产生影响。我们需要超越传统食物系统思维方式，更多地投资于新研究领域，使食物产业更具包容性、更高效并更有利于促进健康饮食和可持续的生产和分配。食物系统观点有时存在权衡取舍，但我们希望尽量减少冲突，推动双赢与多赢的解决方案。我们的目标不应仅是发展高产农业系统，而是要发展一个健康、可持续的农业食物系统，以满足受冲突、气候变化与城市化影响的世界的需求。

在 IFPRI 的领导作用下，这种食物系统综合方法已经得到广泛认可，必然会为世界食物和农业活动带来更深远的影响。我们需要建立一个以营养和健康为导向的食物系统，这种食物系统以改善营养状况为目标，致力于推动健康和营养饮食。食物系统需要高产高效，具备环境可持续性和气候适应能力。它必须具有包容性，特别是对小农、女性和青年的包容性；同时也应具备商业友好性。这样，运作良好的市场和合作伙伴关系才能蓬勃发展，充满活力的私营部门才能为提高技术、生产力和抗逆力提供助力。这是我们政策研究的终极目标。

（作者系国际食物政策研究所原所长、农业经济学家。本文是作者在 2019 年 11 月 18 日举行的 IFPRI 年会上发表的卸任感言，有删节）

从"小城镇大问题"到"依托城市群的城镇化"

⊙ 任远

当前中国城镇化发展的核心任务，是实现城市群的发展治理，在城市群的治理中推动特大城市现代化治理和都市圈发展的一体化，推动城市体系的功能优化，以及在城市群发展过程中加强小城镇建设和城乡一体化。

一、小城镇，大问题

20世纪80年代费孝通提出"小城镇，大问题"，这是费先生最具代表性的学术观点之一，对我国的城镇化发展发挥了积极作用。这一观点的提出基于他在苏南地区的社会调查，是对苏南农村发展和社队企业现象的总结。"积极发展小城镇"构成中国工业化和城镇化发展的起步，通过基层的农村工业化和小城镇发展得以启动。通过社队工业和乡村工业的发展吸收农村剩余劳动力，推动农村经济发展，提高农民的生活水平，这构成了改革开放以来中国经济发展的重要动力。

20世纪80年代的小城镇发展是具体制度背景和一系列社会经济因素的自然结果，在城镇中工业生产的投资资本不足、城市市场体制为充分发展限制了工业生产，以及通过知识青年"上山下乡"和"星期六工程师"的方式，实现了从城镇向乡村的工业生产技术转移和市场扩展，这些都共同激发了苏南地区农村工业的发展。社队企业的集体产权性质，带来地方法团主义的发展特征。由于户籍制度构成农村劳动力非农业化转移的制度限制，农民生活方式具有显著的兼业化特征，因此带动了离土不离乡的小城镇发展，就地城镇化成为我国城镇化发展道路的重要组成部分。农村工业化和小城镇发展不是苏南地区的独特现象，通过比较我国不同地区农村工业化和城镇化发展的差别性，以及小城镇建设本身也随着社会经济环境的变化而不断变化，费孝通也提出了小城镇建设具有"因地制宜"和"随势应变"的观点。

二、大小城市之争

在我国的城镇化发展过程中，自20世纪90年代后期以来，小城镇在工业化和城镇化进程中的地位总体上是相对减弱了。随着工业化水平的提高、投资的增长、商贸物流的增强，要求对工业生产和市场联系具有更强的服务能力，小城镇对产业发展的资源配置能力显得不足。同时，在公共服务供给、生态环境保护等方面，小城镇也存在投资不足、服务效率低下及引发生态环境污染等弱点。

针对小城镇发展遇到困难，城镇化发展的一个变化是小城镇不断壮大自身。从20世纪90年代以后，小城镇不断增强自身功能，例如通过镇和乡的合并来取消乡的权限、增强镇的功能；在2000年以后通过加强镇和镇的合并、镇和开发区的合并，来增强小城镇的资源配置能力。在一些地区，还出现了镇改市的城镇行政体系的改革。

城镇化发展道路的另一个变化，是城镇化的主体力量逐步由下到上转移。工业化发展水平的提高要求城市服务体系的能级逐步提高，大城市、特大城市的产业集聚作用和市场服务作用日益得到发挥，也更多地吸纳人口迁移流动。特别是外向型经济发展以后，一些更加靠近沿海和河流的港口城市的作用得到提高。大城市具有资源要素配置结点的作用，带动城镇化由下到上发展。中等城市、大城市和特大城市越来越成为推动城镇化的主体力量，这表现为中等城市、大城市和特大城市在城镇人口增长中所占的比例在不断提高，小城镇在城镇人口增长的比重则在下降，小城镇的数量也有所下降。

总体来看，小城镇在我国城镇化发展的总体格局中的作用是下降的，当前大城市和超大城市已经成为城镇化发展的主要力量，其作用还在继续加强。城镇化依托的基础更加依靠大城市和特大城市，这和世界城镇化发展的基本态势也是一致的。进入21世纪，全球城镇化的发展更加表现为巨型城市的增长。在一些发展中国家的巨型城市，由于城镇部门提供的工业化机会不足和管理服务能力不足，还一定程度上带来了各种"城市病"。一定程度上说，中国的城镇化发展道路具有由下到上演进的特点，城市体系的支撑作用表现得比较充分，所以并没有出现严重的"城市病"。

因此，关于我国工业化和城镇化的发展，就出现了城镇化发展道路的"大小城市之争"。究竟是强化小城镇和以小城镇作为城镇化发展的主要力量，还是强化大城市和超大城市作为城镇化发展的主要力量，实际上存在着不同的看法。

回顾"小城镇，大问题"的提出，可以发现小城镇在相当大程度上构成我国城镇化发展过程的起步，并构成城镇化发展的组成部分。但是城镇化本身在不断发展演进，随着工业化程度的提高，生产产业链和服务产业链不断扩展，要求产业的空间结点具有集聚性，城镇化发展的历史演进的客观结果是大城市和特大城市的作用在不断增强。

同时，一方面我们需要看到小城镇在中国城市体系中的作用是相对下降的，但是也要避免片面的"大城市主义"和"小城镇无用论"的思想。小城镇仍然是中国城市体系的重要层级，小城镇发展仍然在中国城镇化发展的整体进程中发挥着重要作用。小城镇化的作用在于其构成了乡村和城市的枢纽。小城镇是城市体系的基础层面，小城镇也和周边农村构成了基本的共同体，也就是所谓的"乡脚"。基于小城镇的枢纽作用，可以带动城乡一体化的发展。我们看到在苏南地区，基于小城镇工业化和城乡体制的改革，通过以工补农、以工建农，实现城乡统筹发展、城乡融合发展，使得这一地区已经成为我国城乡一体化水平最高的地区。小城镇的发展还丰富了城市体系，城市体系通过小城镇、大城市、特大城市构成有机的连接和合作。小城镇仍然是城市体系的基础和重要组成部分，如果忽视了小城镇在城市整体体系中的作用，也会损害城市体系的完整性，会限制城市体系的发展，并削弱城市体系和区域发展的整体功能。例如在京津冀的城市区域，由于其中小城市和城镇发展不足，实际上弱化了区域的整体支撑力和区域平等性。同时，小城市和小城镇发展不足，造成城市体系内部的失衡，也更容易带来城市体系中大城市和超大城市的发展压力。

这些说明，在 20 世纪 90 年代后期以来近 20 年的发展中，工业化和城镇化在不断推进，城市体系继续发生演化。大城市和特大城市的作用不断加强，成为城镇化发展的核心力量，其具有的日益复杂的功能和服务能力，发挥着集聚效应，有的城市还更密切地进入到世界经贸体系中而成为全球城市。考虑到中国城镇化发展的过程和内在规律，工业化的继续发展要求大城市和特大城市进一步发挥集聚效应，限制巨型城市和限制特大城市的发展并不是明智的策略，对特大城市的限制如同削足适履，而且不利于资源最优配置。因此城镇化发展需要打破区域之间、不同行政级别之间的制度限制，使得大城市和特大城市能够为增长的移民提供机会和发展环境，这会有利于城镇化的推进。

但与此同时，小城镇和小城市仍然在区域城市体系中发挥重要作用，小城镇发展仍然还是城镇化发展过程的重要组成部分。大中小城市在发展速度上有着偏向大城市和特大城市的变化，需要推动特大城市制度改革和完善治理来适应这个过程。但是，大中小城市包括小城镇的共同发展和协调发展，构成中国城镇化过程的多元力量。中国城镇化发展道路仍然需要坚持大中小城市综合平衡和协调发展。

三、第三阶段的城镇化

改革开放以来，我国的城镇化从小城镇建设和就地城镇化起步，20 世纪 90 年代以后大城市和特大城市对推动城镇化发展的作用更加显著。随着特大城市和周边城市区域发展出更加紧密的联系，在 2010 年以后，我国城镇化发展进入以城市群为依托的城市区域发展时期。城市群一体化正成为我国城镇化发展的新的动力，可以说构成了城镇化发展的第三阶段。

在这个阶段的城镇化，需要从区域整体的角度来观察产业链的区域扩展和区域整合，并且基于生产网络和资本、商贸和信息服务网络，带动城市体系的进一步演化，以及实现区域经济生产和社会生活的整合。也就是说，城镇化的进一步发展，不仅带来区域的城市化，同时带动城市的区域化，区域中的城市体系发展出密切联系和紧密交织的内在结构。也只有在这个阶段中，城市间的紧密联系才使得区域城市体系表现为城市群。我们可以看到，以上海为核心城市所构成的长三角地区城市群正成为国家最重要的经济地区，并成为如戈特曼所说的世界第六大城市群。珠三角和京津冀城市群也在逐步成型，以及我国若干新兴的城市群在快速发展，带动城镇化发展进入新的阶段。

我国的城镇化发展开始进入新的第三阶段，即"依托城市化群的城镇化"。要实现依托城市群的城镇化，我们不仅需要积极破除特大城市、巨型城市的发展限制，完善特大城市的现代化治理，也需要探索多中心巨型城市和大都市圈的体制改革，重视在城市群体系下的次级城市，包括小城镇的整体发展。城市群中的小城镇需要更深地嵌入在城市群一体化的整体结构中寻找新的发展机遇，实现新的发展，需要通过产业的转型，成为新兴产业的发展地区，建设成为富有特色的小镇，来丰富区域经济的面貌。依托城市群的城镇化发展，需要强化中心城市对区域经济（和国家发展）的集聚能力和辐射能力，并发挥小城镇整合周边乡村地区的基础性作用，才能实现城市群的发展建设和一体化，推动城镇化发展的深化。

因此，回顾中国城镇化发展的历史道路，我们一方面需要回顾"小城镇、大问题"，看到由费孝通引发的小城镇带动中国城镇化的具体实践，同时也应该看到其所提出的长三角经济区和全国一盘棋的想法，才能完整认识费孝通对于中国城镇化发展的思想贡献。更关键的问题是，我们需要意识到，中国城镇化发展的整体过程具有多元化的组成部分，中国城镇化发展也是分阶段逐步推进的。中国城镇化需要特大城市和大中小城市及小城镇整体协调的发展。大国的城镇化发展道路，离不开大城市的集聚和辐射作用，也离不开小城镇。在当前时期，我国需要依托城市群一体化来构造中国城镇化发展的新阶段。应该在城市群的整体视野中推动城镇化发展，需要对城镇化发展形成整体论的看法，实现大中小城市的共同发展，加强城市群的发展治理。

（作者系复旦大学社会发展与公共政策学院教授、博士生导师，本文为作者在"中国现代化新征程暨纪念费孝通诞辰110周年学术研讨会"上的发言）

时政解读：十九届五中全会

"十四五"时期"三农"的新目标与新定位

⊙ 陈文胜

　　站在全面建成小康社会的新起点，党的十九届五中全会以优先发展农业农村为要求，首次提出"全面推进乡村振兴"，包括强化以工补农、以城带乡，推动形成工农互促、城乡互补、协调发展、共同繁荣的新型工农城乡关系，提高农业质量效益和竞争力，实施乡村建设行动，深化农村改革以及实现巩固拓展脱贫攻坚成果同乡村振兴有效衔接，从而全面明确了"十四五"时期"三农"的新目标与新定位。

一、突出乡村振兴在新发展格局中的战略地位

　　为了应对世界经济发展面临的诸多不确定性，党的十九届五中全会的战略思路是以确定性应对不确定性，充分发挥中国作为全球的超大规模市场优势，集中力量办好自己的事，构建以国内大循环为主体、国内国际双循环相互促进的新发展格局，形成发展新优势。在新的发展战略中，"三农"作为战略后院，就不仅只是国民经济发展的压舱石和稳定器，更是形成强大国内市场的双循环战略核心环节和战略动力源泉。因为只有"全面推进乡村振兴"，才能全面释放和培育最广大乡村居民的消费需求，从而坚持扩大内需这个战略基点，有力地激活内需体系中农村这个最大的难点，也是最大的空间，有效畅通国内大循环，进一步巩固和全面提升中国的全球超大规模市场优势。

二、强调以提高农业质量效益和竞争力来确保国家粮食安全

党的十九届五中全会提出，推动农业供给侧结构性改革，优化农业生产结构和区域布局，加强粮食生产功能区、重要农产品生产保护区和特色农产品优势区建设，推进优质粮食工程。如何落实这个决策？以湖南为例，大宗农产品供大于求，优质农产品同质竞争，这两个老大难的问题一直未得到有效解决。必须以深化农业供给侧结构性改革为主线，以长株潭都市农业、环洞庭湖生态农业、大湘南丘陵农业和大湘西山地农业的四大农产品主产区区域分工为前提，在生产环节优化农业区域布局，在"一县一特"目标下建立各区域农产品品种与质量的"正面清单"与"负面清单"约束机制，提高农产品的品种和质量。在流通环节，要着力完善小农户与农业社会化服务的利益联结机制，防止各种平台，包括信息平台，演变为对农民利益的收割平台，推进鲜活农产品的基础设施建设与冷链技术社会化服务，以此带动冷链物流的发展，建立促进农产品生产与市场有效对接的市场体系，形成提高农业质量效益和竞争力以实现农民增收的长效机制。

三、首次在党的文献中提出"实施乡村建设行动"

在十九世纪初，以晏阳初、梁漱溟、卢作孚为代表的乡村建设杰出人士，曾掀起一场规模大、时间长、波及广的乡村建设运动，这无疑是中国社会经济建设历史上的一次尝试。在党中央2006年提出"社会主义新农村建设"前后，以温铁军、徐勇、贺雪峰为代表的学者发表了不少"乡村建设"的观点，但未进入国家政策层面。党的十九届五中全会要求"全面推进乡村振兴"，提出"实施乡村建设行动"，主要任务是强化县城综合服务能力，把乡镇建成服务农民的区域中心；统筹县域城镇和村庄规划建设，保护传统村落和乡村风貌。所谓"行动"，就是明确"乡村建设"在全面建成小康社会向全面现代化建设推进中的普遍性、操作性。

因此，这是对乡村振兴阶段性的一个重大判断，即把"乡村建设"作为乡村振兴的起步阶段，是对现阶段乡村振兴的准确定位，防止实践中的"大跃进"运动。乡村建设不仅仅是经济建设，还包括乡村文化、乡村治理等"五位一体"总体布局的全面推进，构成一个系统工程。从实现"两个一百年"的奋斗目标出发，2018年中央"一号文件"明确乡村振兴战略的时间表、路线图：到2020年，乡村振兴取得重要进展，制度框架和政策体系基本形成；到2035年，乡村振兴取得决

定性进展，农业农村现代化基本实现;到 2050 年，乡村全面振兴，农业强、农村美、农民富全面实现。那么，乡村振兴是一项长期的历史性任务，不仅伴随着全面现代化建设的全过程，更是一个自然历史的发展进程，在不同的发展时期处于不同的发展阶段。即使在同一时期，由于中国幅员辽阔，地区间由于地理位置、资源禀赋、历史基础、政策取向等多方面原因，经济社会发展不均衡，发展呈现出多元形态，不同的地方在同一时期也处于不同的发展阶段。必须从社会主义初级阶段的基本国情出发，遵循经济社会的发展规律，循序渐进使之成为一个顺势而为、水到渠成的发展进程。

四、强调健全城乡融合发展机制以深化农村改革

党的十九届五中全会在"深化农村改革"中，提出要健全城乡融合发展机制，推动城乡要素平等交换、双向流动，增强农业农村发展活力;落实第二轮土地承包到期后再延长三十年政策，加快培育农民合作社、家庭农场等新型农业经营主体，健全农业专业化、社会化服务体系，发展多种形式适度规模经营，实现小农户和现代农业有机衔接。这就回应了破解城乡发展不平衡、乡村发展不充分的时代要求，从根本上改变乡村长期从属于城市的现状，明确乡村和农民在工农城乡关系中的平等地位;从根本上改变以工统农、以城统乡、以扩张城市牺牲农村牺牲农民的发展路径，激发乡村振兴的内生动力。

中国现代化的进程中，工业化、城镇化的主要支撑来自农业、农村、农民，表明广大农民为中国的现代化前期积累做出了巨大贡献或者说巨大牺牲。在"十四五"时期全面推进乡村振兴的背景下，深入推进农村改革必须要在破除城乡二元结构上取得关键性突破，核心是保护并不断增进农民的利益。因此，要以构建增进农民利益的长效机制为出发点，全面建立健全的城乡收入分配体系、乡村服务体系、城乡人居分布体系、乡村社会保障体系，在农村承包地、农村宅基地、农村集体产权、农业农村财政投入、农村金融、农村公共基础设施管护等方面建立改革向农民和基层赋能的政策体系，推动农民权益分配体系的不断健全，

按照党的十九届五中全会关于"深化农村改革"的相关要求，特别需要把握乡村振兴战略的综合性、整体性、渐进性和持久性特点，需要把握大国小农的区域差异性与发展模式的多元性，不仅要尊重乡村独特的自然发展规律和社会发展规律，还要从现有的农村经济制度出发，尊重中国小农长期存在的现实性。比如，

发展农村集体经济，就要以明确什么是集体经济为前提，因为现行法律框架下的农村土地是所有权、承包权、经营权三权分置，以农村集体所有制的土地等资产为基础发展的经济都是集体经济，在这个问题上，既要反对私有化，更要警惕推进所谓集体化来损害农民的权益。

五、把解决相对贫困统筹纳入乡村振兴战略

党的十九届五中全会提出，实现巩固拓展脱贫攻坚成果同乡村振兴有效衔接。全社会集中力量推进脱贫攻坚取得了决定性的成效，为实施乡村振兴战略积累了不少好的经验，其中最为突出的就是为乡村振兴探索了一个有效机制："五级书记负责"的领导制度、全社会共同行动的组织制度、有为政府与有效市场的要素投入制度、精准扶贫与精准脱贫的工作制度。而脱贫攻坚是一个攻坚机制，要想解决相对贫困的长效机制转型，就是以全面建成小康社会为新起点，两大战略不仅是先后接续相继的衔接，更是推进脱贫攻坚到乡村振兴的全面转型。

因此，要把解决相对贫困统筹纳入乡村振兴战略，实现两大战略愿景、方向与目标、任务的连续性和阶段性相衔接。在保障机制上，按照农业农村优先发展的要求，落实中国共产党农村工作条例关于五级书记抓乡村振兴的基本要求，建立健全各级党委统一领导、政府负责、党委农村工作部门统筹协调的农村工作领导体制，强化县委书记乡村振兴"一线总指挥"作用。在要素投入上，以协调推进乡村振兴战略和新型城镇化战略为抓手，推进政府投入与市场投入有效地衔接起来。把涉农资金在县级统筹整合、产业扶贫资金向乡村产业振兴投入对接，作为推进脱贫攻坚与乡村振兴有效衔接的重大措施，全面扶持有市场前景的企业和专业大户发展生产、加工和营销，培育贫困地区迈向乡村振兴的主导产业和特色产业，形成乡村产业发展的长效机制。

（作者系湖南师范大学中国乡村振兴研究院院长、博士生导师）

全面推进乡村振兴迫切需要市场有效

⊙ 陆福兴

党的十九届五中全会要求，在"十四五"时期我国社会主义市场经济体制要更加完善，高标准市场体系基本建成，市场主体更加充满活力。当前我国农村市场发展最不充分、市场体系最不完善，农村市场与城市市场相比，差距十分明显。因此，"十四五"期间我国市场经济体系建设的重点在农村，难点也在农村。

一、乡村振兴必须市场有效

党的十九届五中全会公报指出，要充分发挥市场在资源配置中的决定性作用，更好发挥政府作用，推动有效市场和有为政府更好结合。首先，乡村振兴的重点和着力点是乡村经济振兴，乡村经济发展必须依靠市场机制，充分发挥市场的资源配置作用，只有加快发展农村市场经济，才能推进乡村产业振兴。其次，推进农业供给侧结构性改革，迫切需要充分发挥市场的选择作用，要充分利用农村市场优胜劣汰的功能，把乡村没效益、没需求的农产品淘汰掉，引导乡村振兴优质资源要素向名优特农产品集中。再次，乡村振兴需要大量的资金投入，不能完全依赖政府的公共财政投入，需要利用市场机制，吸引各类社会资本投入农村，没有乡村市场吸引社会化资源要素，乡村振兴就是无米之炊。同时，乡村振兴要用好乡村沉睡的资源，乡村资源不仅需要市场优化配置，而且需要市场再度激活，没有良好的乡村市场，就不能激活乡村资源发挥作用。当然，乡村振兴是一个复杂的经济社会发展进程，具有历史特殊性，也不能完全依靠市场的力量振兴。因此，还要发挥政府的推动作用，要做到有效市场和有为政府的有机结合。

二、当前乡村市场的三大问题

乡村市场天生发育不良，受乡土文化的影响以及农业发展自身的特殊性限制，乡村市场有许多天然的不足，与城市市场相比，乡村市场主要存在三大问题。

1. 边界不清，政府之手影响市场运行

我国乡村市场脱胎于公社体制的计划经济，加上多年来的政府行政力量的脱贫帮扶，政府与市场的关系没有完全理顺，因而政府干预市场的行为还大量存在。如政府大包大揽地干预农民具体的经营行为和生产行为的现象不少，特别是政府通过直接投资项目等方式主导农业生产，导致农产品脱离市场导向而盲目扩大生产，供给结构与需求结构出现脱节，一些农产品的产能过剩而价格快速下跌。一旦农产品滞销，政府组织销售，有时会导致市场价格扭曲。每在农产品价格上涨或下跌之时，政府就会对小农采取有力的宏观政策进行调整，造成单个农产品供大于求与供不应求现象交替出现，影响市场供求关系和市场机制作用，有时不免损害农民的利益与农业的发展，造成某些政府越位与市场缺位的问题。

2. 城乡分割，城市市场与农村市场严重脱节

农村市场与城市市场之间联系不紧密，处于相互分割状态，是当前农村市场的重要问题。城乡市场之间商品流通阻隔，信息交流不畅，农村市场与城市市场地位不对等，特别是城乡农产品市场，供销严重脱节，农村品质好、价格低的环保农产品很难进入城市市场，农村商品进入城市老百姓的生活市场成本很高。在农村批发几毛钱一斤的蔬菜到城市市场卖几块一斤，农民却没有赚到钱。例如，城市市民吃红薯叶，吃的是城边菜农用化肥农药等种出来的，农村人用有机肥种出来的生态红薯叶却难以进入城市市场，只能给猪吃；农村的红薯丰收了，也很难进入城市市场，农村人也给猪吃，但是猪吃了长的肉赚的钱还远不如卖红薯的多。再如乡里的生态粮食、土鸡蛋、土猪肉等农产品，对接城市市民的消费市场很难，处于长在深山无人识的状态。

3. 发育不良，拉动农村经济的动力不足

大部分农村市场还是一个刚脱离自给自足的农产品市场，实力不强。一是农村市场特色农产品虽然总量可观，但是产地分散，特色农产品在市场中难以形成规模效应。农村出售的粮食、油料、生猪等主要农产品以初级产品为主，缺乏竞争力。二是农村市场基础设施差，市场建设简单简陋，市场保鲜保值的冷链物流等设施不足，市场深加工能力弱小，市场的价值增长链没有形成，包装文创、保鲜、贮运等流通体系和销售体系发展滞后。三是农村市场产品单一，农村除了农产品和工业必需品等商品市场外，农村的产权市场、金融等要素市场、劳动力市场等均不发达，农村的市场交易完全依赖商品市场，严重阻碍了农村市场拉动经济发展的动力形成。

三、促进有效市场和有为政府良好结合

市场是推动经济发展的原动力。党的十九届五中全会提出，建设高标准市场体系，加快转变政府职能。只有政府有为，转变政府职能，强化政府市场服务，才能实现市场有效。

1. 建立完善的农村产权制度

完善的产权市场是产权有效交换的前提，产权不能交易，城市资本和社会资本就很难进入甚至不敢进入农村，会给乡村振兴造成严重的投入障碍，影响乡村振兴的进程。要加快完善农村产权制度，让农村产权逐渐进入市场交易，破解农村产权交易难题，丰富农村市场的交易要素，让农村产权充分流动，让农村发展要素能够在市场流动中保值、增值。

2. 培育多元的农村市场主体

农村市场主体不健全，严重影响了农村市场的成长。要加快培育各类新型农业经营主体，提升其市场竞争能力，形成市场主体百花齐放的局面。同时，要重点培育农民的市场能力，引导农民依靠新型农业组织，成为农村市场主体，提高市场化经营能力，参与市场竞争。此外，要强化农民市场意识，消除其自给自足的小农意识，培养具有现代市场意识的新型农民市场主体。

3. 建设完备的农村市场体系

要根据产业市场化的要求强化精细服务，建设精细市场，完善农村产业链、供应链建设，着力打造农村自主可控、安全可靠的产业链、供应链，力争重要产品和供应渠道都至少有一个替代来源，形成必要的产业备份系统。加快冷链物流、电商物流等便捷服务，完善农村市场化的社会服务。加快构建农村产权交易市场，开辟农村劳动力交易市场，建立农村人才交流市场。

4. 优化良好的农村市场环境

把农民经营行为和生产行为"放"给市场。主要是减少政府产业选择的直接介入，从引导与激活要素上着力，在要素集聚平台打造、科技创新推广、品牌创建、标准化监管等层面优化制度供给、政策供给、服务供给，推动有效市场的形成与完善，为乡村撬动和引进外部资源提供支撑，激发乡村发展内在动力。坚持效益优先与兼顾公平，打通城乡市场特别是城乡农产品消费市场，推进农村市场与城市市场对接。加强市场经营环境整治，清除市场的强买强卖行为，打击市场周边的黑恶势力。

5. 强化高效有为的政府管理

严格区分政府与市场的边界，市场能解决的事情，政府要交给市场去办。不是市场的事情政府要主动作为，形成从行政推动为主逐步走向政府引导下市场驱动为主的良性发展机制。政府要突出在解决农产品同质竞争与低端农产品供大于求的两大难题上下功夫，按供给侧结构性改革的要求，立足农业自然资源与市场需求，在建立区域农产品品牌目录制度框架下形成各区域农业产业布局的正面清单与负面清单，错位发展具有鲜明地域特色的优质产品，避免质量效益和竞争力偏低的低端产业、低端产品继续扩大生产，以此推动发展方式实现从生产导向向市场导向的根本性转变。用好财政资金，政府财政资金要考核综合效益，特别是要和农民就业、增收、带动农民致富等挂钩。做好市场监控，对于地方政府推进产业化的活动，进行严格限制和监控，防止地方产业发展的短期化和同质化。

（作者系湖南师范大学乡村振兴研究院教授、博士）

"十四五"时期乡村基本公共服务水平如何稳步提高

⊙ 瞿理铜

党的十九届五中全会《中共中央关于制定国民经济和社会发展第十四个五年规划和二〇三五年远景目标的建议》提出，"十四五"时期城乡基本公共服务均等化水平明显提高，二〇三五年城乡基本公共服务实现均等化。对照现阶段，当前发展最大的不平衡是城乡之间的不平衡，最突出的表现就在于基本公共服务发展水平的不平衡，而这种不平衡主要表现在资源布局、能力提供和服务质量上，公共服务仍然是乡村发展的明显短板。要实现共享发展，必须加快补齐这个短板，突出重点领域、着力重点问题、抓好关键环节、构建激励机制，增加公共服务在乡村的供给，稳步提高乡村基本公共服务水平。

一、突出重点领域：基本公共教育和基本医疗卫生

国家对基本公共服务的界定主要包括：基本公共教育、基本劳动就业创业、基本社会保险、基本医疗卫生、基本社会服务、基本住房保障、基本公共文化体育、残疾人基本公共服务八大领域。公共服务投资主要依靠公共财政，湖南作为财政弱省，"十四五"期间实现乡村八大基本公共服务领域全面明显提高存在压力，需突出重点领域。根据湖南乡村基本公共服务现状，可以重点突出提升乡村基本公共教育和基本医疗卫生水平两个方面。理由如下：一是八大领域中基本公共教育和基本医疗卫生城乡差距最为明

显。社会保障方面，城乡居民基本社会保险已经实现城乡统筹，实行同等缴费标准，享受同等社会保险待遇。基本劳动就业创业、基本社会服务、基本住房保障、基本公共文化体育、残疾人基本公共服务等五大领域城乡之间的差距小于基本公共教育和基本医疗卫生。二是基本公共教育和基本医疗卫生是农民生存和发展的基石。基本医疗卫生直接关系农民身体健康，进而影响到其生活质量的高低。在保障农民健康过程中，不仅要加大疾病治疗力度，同时更需要关注疾病预防力度，为此乡村基本医疗卫生显得尤为重要。教育是乡村巩固脱贫成果和发展现代农业的基础，是改善人力资源素质状况的重要环节。在经济社会发展中，人力资源是第一资源。不断提高人力资源开发与管理水平，不仅是发展经济、提高市场竞争力的需要，也是一个国家、一个民族、一个地区、一个单位长期兴旺发达的重要保证，更是一个现代人充分开发自身潜能、适应社会、改造社会的重要措施。教育部教师工作司司长任友群曾表示，让一个家庭真正能够脱离贫困，最好的方法是帮这个家庭培养出一个大学生。

二、着力重点问题：加强乡村基本公共服务人才队伍建设

在明确重点突破基本公共教育和基本医疗卫生两大领域后，该如何发力？工作的重心要放在推进乡村基本公共教育和乡村基本医疗卫生软件建设方面。硬件的建设随着财政投入不断增加，短时间内改善效果将较为明显，改善的难点主要在软件方面，尤其是人才队伍建设上。因此，一是要加大人才定向培养支持力度。继续在省内师范院校和医科院校实施乡村基本公共教育和基本医疗卫生人才定向培养，加大省级财政在该专项计划中的支持力度，力争在"十四五"末为全省每个行政村定向培养 2～3 名乡村全科医生。二是高级专业技术人才岗位要向县以下公共教育和医疗卫生机构倾斜。完善县以下公共教育和医疗机构事业单位岗位设置，增加高级职称岗位占比，在总量控制的前提下，实行县域范围内县以下事业单位专业技术人员中高级职称人员比例高于县城所在地事业单位比例。三是加大人才培训力度。将乡村基本公共教育和基本医疗卫生人才培训纳入省级培训计划，采取专家下乡授课和外出培训相结合的方式，拓宽乡村基本公共教育和基本医疗卫生人才的专业视野，不断提升其专业技术能力。

三、抓好关键环节：构建乡村基本公共服务水平，提升第三方评估机制

实践表明，在现有体制和环境下，没有督导评估，中央和省委的政策在基层落实的难度就会加大，或者在基层落实过程中存在打折扣的现象。因此，推进乡村基本公共服务水平提升同样离不开督导评估。建议参照扶贫第三方评估的办法，构建县域城乡基本公共服务均等化水平第三方评估机制，对乡村基本公共教育和基本医疗卫生发展水平进行动态评估。具体来说：一是建立第三方评估机构库。主要以外省单位为主，建立乡村基本公共教育和基本医疗卫生发展第三方评估机构库，防止评估过程中的一些人为因素干扰。二是采取定期和不定期相结合方式评估。为给县级政府形成提升乡村基本公共服务的持续推力，采取定期和不定期相结合的方式对县域乡村基本公共服务水平进行第三方评估。三是合理运用评估结果。将第三方评估结果与日常督导结果相结合，对县域乡村基本公共服务水平提升程度进行排序，重点关注改善程度，即乡村公共服务水平提升的增量，将排序情况进行定期通报，并纳入县级领导班子成员考核范畴。

四、构建激励机制：形成乡村公共服务多元化供给新机制

提供基本公共服务是政府的基本职责，但对于处于发展中的湖南而言，公共财政在短期内难以支撑大规模地提升基本公共服务水平，因此，可以引导市场主体、社会组织和个人参与基本公共服务供给，形成乡村基本公共服务多主体供给新格局。由此，就要构建乡村基本公共服务多元化供给的激励机制。具体来说：一是实施税收优惠政策。对于市场主体、社会组织和个人参与乡村基本公共服务供给，可以免除一定额度的所得税。比如高校的教授利用暑假参与乡村教师培训，根据工作量，可以免除一定额度的个人所得税。二是建立荣誉授予机制。对于长期参与乡村基本公共服务供给的市场主体、社会组织和个人，建议以省级政府的名义，授予相应的荣誉证书，并赋予荣誉证书相应的政策含金量。三是建立退休返乡激励机制。对于退休返乡从事基本公共服务供给的国家公职人员，可以考虑无偿分配宅基地和菜地，对于从事基本公共服务供给成效显著的退休国家公职人员，可以给予一定奖励。

（作者系湖南师范大学中国乡村振兴研究院副教授、博士、硕士生导师）

文化振兴为全面推进乡村振兴培根铸魂

⊙ 李珺

党的十九届五中全会对文化建设高度重视，从战略和全局上作了规划和设计，明确提出到2035年建成文化强国，这是党的十七届六中全会提出建设社会主义文化强国以来，党中央首次明确了建成文化强国的具体时间表。全会还提出了"十四五"时期社会发展主要目标，即：社会文明程度得到新提高，社会主义核心价值观深入人心，人民思想道德素质、科学文化素质和身心健康素质明显提高，公共文化服务体系和文化产业体系更加健全，人民精神文化生活日益丰富，中华文化影响力进一步提升，中华民族凝聚力进一步增强等。因此，要实现巩固拓展脱贫攻坚成果，全面推进乡村振兴战略，传承提升繁荣乡村文化意义十分重大。

开展脱贫攻坚以来，乡村人们的文化生活发生了较好的变化。比如，村里有了各种各样的培训中心、技能中心和村民学习娱乐场所，农家书屋、文化长廊等文化平台载体也大多建成启用，很多村民们不仅学会了运用智能手机看抖音、逛淘宝，更学会了通过电商平台与全国各地的人做生意，推介自己的"乡村品牌"。但当前，我国文化建设不平衡、不充分问题仍然突出，尤其城乡之间差距仍较明显。由于文化建设既"虚"又"实"，虚是指文化建设不像经济建设那样可以立竿见影，而是通常需要多年的耐心培育才有效果；实是指文化虽然看似无形，但实际上可以发挥凝聚人心、塑造乡村共同体的强大功能。乡村脱贫攻坚过程中不同程度地存在"重经济、轻文化"现象，使得乡村文化没有得到应有的重视和有效的发展。

　　党的十九届五中全会专门对文化建设进行了部署，提出今后 5 年文化建设的基本思路，即部署三个方面的重点任务：一是提高社会文明程度，二是提升公共文化服务水平，三是健全现代文化产业体系。落实到乡村文化振兴，应从以下三个方面发力。

一、传承中华优秀传统文化是全面推进乡村振兴之根

　　正如费孝通所说，中华民族传统文化的根就在乡村，"从基层上看，中国社会是乡土性的"。习近平总书记也多次提出孔夫子这个老祖宗不能丢，强调要增强文化自信，传承中华民族优秀传统文化，要"传承发展提升农耕文明，走乡村文化兴盛之路"。所以要特别强调农耕文化的传承与提升，绝对不能因为现代工业化而全盘接受西方的工业文明。

　　振兴乡村文化是在保持乡村特质的基础上，将现代性因素融入到乡村文化之中，取其精华、弃其糟粕，找到新的生长点，实现其从传统到现代的转型。以重塑的方式留住农耕文明，留住与农业生产生活相关的文化记忆和文化情感。其实中华优秀传统文化是完全可以和现代文明和谐相处、相得益彰的。尊重乡民的风俗习惯、保护并善于利用乡村固有的文化传统，可以收到事半功倍之效。尤其关于乡村的移风易俗问题，一定要以尊重传统文化为前提，充分发挥乡村社会组织的自治劝导作用，对世世代代传承的民俗习惯有敬畏之心。

二、传播社会主义核心价值观是全面推进乡村振兴之魂

　　乡村文化建设的根本目标应是满足农民的精神需求，满足人民群众日益增长的对美好生活的需要。乡村文化建设不能仅停留在舞台上、屏幕里，文化更要渗透在衣食住行等日常生活中的方方面面。正如习近平总书记指出，一种价值观要真正发挥作用，必须融入社会生活，让人们在实践中感知它、领悟它。要注意把我们所提倡的与人们日常生活紧密联系起来，在落细、落小、落实上下功夫。使社会主义核心价值观的影响像空气一样无所不在、无时不有，成为百姓日用而不觉的行为准则。

　　现在往往一谈到乡村文化建设，马上就会想到建设一批文化小广场、小长廊等，并在其中植入以社会主义核心价值观为主要内容的文化要素。毫无疑问，这些标识、

标语确实有助于形成良好的宣传效果，但实际上这种表面上的文化建设很难对乡村社会生活产生较深层次的实际影响。要让核心价值观的理念融入农民日常的生产生活，不是被迫学习，而是主动靠近；要转变核心价值观在我国乡村的传播途径与方法，在充分了解把握农民的心理、行为习惯、思维模式、现有价值观念的基础上，采取适合乡村特点的各种有效形式，激发农村传统文化活力，不断丰富公共文化产品供给；将社会主义核心价值观的价值体系与行动体系结合起来，使大主题在小活动中真正落地生根，从而提高整个乡村社会的文明程度。

三、健全乡村文化产业体系是全面推进乡村振兴之翼

马克思主义唯物史观认为，经济基础决定上层建筑。作为上层建筑的重要内容之一的文化，不能脱离经济基础单独存在，因此文化与经济有着密不可分的联系。文化产业既有意识形态属性，又有市场属性。文化产业的意识形态属性决定了健全现代文化产业体系要坚持"守正"，坚持正确的价值导向，弘扬中华优秀传统文化、革命文化、社会主义先进文化。但同时，文化产业是以文化产品和服务的生产、消费为核心的经济活动，具有市场属性，应遵循市场规律，通过创新等手段不断满足人们更高层次的文化消费需要。尤其在乡村文化产业建设中，一定要坚持农民的主体地位，发动农民广泛参与，增强农民文化认同感，给村民们充分的话语权、自主权，提供和生产更多农民喜闻乐见的文化产品，提升乡村公共文化服务水平，让农民群众真正成为乡村文化产业的创造者、参与者、受益者。

在传承中华优秀传统文化的同时，如何使社会主义核心价值观的影响像空气一样无所不在，并成为农民日用而不觉的行为准则？如何深度挖掘乡村人文与自然资源？如何充分利用科学技术手段，打通文旅产业链条，真正实现绿水青山就是金山银山，让农民熟悉的乡土气息实现传播？这将成为未来全面推进乡村振兴所要思考的重要问题。

（作者系湖南师范大学中国乡村振兴研究院博士研究生）

时政解读：中央一号文件

城乡融合：农村创新发展的新格局

⊙ 刘祚祥

　　2021 年中央一号文件首先总结了"十三五"时期的变化和成就。现代农业建设取得重大进展，乡村振兴实现良好开局。粮食年产量连续保持在 1.3 万亿斤以上，农民人均收入较 2010 年翻一番多。新时代脱贫攻坚目标任务如期完成，现行标准下农村贫困人口全部脱贫，贫困县摘帽，易地扶贫搬迁任务全面完成，消除了绝对贫困和区域性整体贫困，创造了人类减贫史上的奇迹。

　　除了对成绩的描述，在今年的一号文件中，对过去的工作进行了经验性总结。对过去在"三农"工作中做得好或者做得不好的地方，都做了总结与概括，体现了实事求是的精神。这么多年来，中国的农村农业问题在不断解决的同时，又不断产生，从而导致"三农"问题依然盘根错节，难以解决。其中，资源配置过程中政府与市场关系问题，一直是"三农"问题的一个关键。如何解决资源在农村农业中的配置问题？自从我国的工业化、城镇化启动之后，农村劳动力的非农转移、农村资源向城市流动就成为了一种常态。中国农业农村劳动力的非农流动，是中国经济发展的内生动力。许多地方的农民之所以能够摆脱贫困，是由于他们分享了工业化与城镇化的红利。但是，在新的历史时期，如何通过市场机制，让人才、资金以及技术等资源要素流向农村，以促进乡村振兴？一号文件做了原则性的描述。

　　乡村振兴，如何实现？如何将资源从城市引导到农村而又不出现在资本主义国家中常见的那种逆城市化？这需要我们这代人发挥我们自己的聪明才智，找到解决问题的办法。城乡融合发展应该是一个有效的选择。现在就新的历史时期如何实现城乡融合，通过创新引领乡村振兴，我讲三点建议：

第一，我们如何将城市资金引到农村里面去？

今年中央的一号文件花了很大的篇幅谈到了农业农村优先发展的投入保障问题。从中央财政预算倾斜、土地出让比例设置、债务发行、金融机构支持到乡村振兴基金的设立、金融产品、金融政策创新等。其中，通过深化农村金融改革，形成有效的农村金融风险化解机制，支持以市场化设立乡村振兴产业基金，具有重要的意义。乡村振兴，需要大量资金投入，据有关部门测算，仅在未来 5 年就需要 7 万亿的资金量，依靠现有的财政支出与银行涉农信贷，是难以满足乡村振兴的资金需求的。因此，要制订并落实提高土地出让收益用于农业农村比例考核办法，确保按规定提高用于农业农村的比例。这个比例如何设置？以前有一个权威的观点，认为将当年国内土地出让收入的 50% 用于农业农村发展，用于乡村振兴。是不是可以考虑更高一点，例如 55%。毕竟未来的土地出让资金总量有可能降低。

至于以市场化方式来设立乡村振兴基金，应该成为乡村振兴产业发展最重要的金融组织方式。一般来说，产业基金能够将政府意志与市场投资主体的利益达成均衡，在通过金融合约将资金配置到乡村振兴的同时，还将人力资本配置到项目之中，弥补了农村农业发展中最稀缺的人力资本。因此，要大力发展具有企业家精神的乡村振兴基金管理团队，培养相关的基金管理人才。目前，国内资本市场中非常缺乏具有农业农村系统知识的基金管理人才，高校也缺乏对这方面人才的培养。鉴于乡村振兴基金在乡村振兴中资源配置的重要作用，应该鼓励相关人才的培养。

第二，要确定乡村振兴投资主体。

很多人认为乡村振兴的主体是农民，应该遵循农民的发展意愿。从理论上来说，应该是没有错的。但是，单个小农户既没有投资农村基础设施的积极性，也没有投资基础设施的能力。因此，投资乡村的基础设施的投资主体，应该为村集体。但是，很多村集体经济非常薄弱，在脱贫攻坚时期，许多贫困村的基础设施投入的资金由驻村工作队及其后盾单位筹集，也有一些地方由当地县市区政府筹集。这种投资机制不可能复制到全面推进乡村振兴过程中，毕竟县市区政府现有的债务风险防控就是一件大事。地方政府的财政收入大部分是入不敷出，很多地方依靠中央财政的转移支付来维持运转。目前，能够在银行具有融资能力的是县市区的平台公司以及由融资平台公司转型的现代企业，特别是后者，熟悉市场运作模式，了解市场运作机制，最有可能成为乡村振兴基础设施以及乡村振兴产业的投资主体。但是，国有企业与乡村集体经济组织如何结合，如何形成产业集群，如何导入先进技术与管理，则又是一个重要的问题。我们认为，村投公司是一个有效的尝试。地方国企与村集体共同设立村投公司，从而打通了城市要素与农村要素融合的渠道，为构建现代农业奠定了基础。

第三，要形成技术、产品设计、优秀人才等新型要素以及现代农业产业导入乡村的机制。

很多人认为，乡村振兴需要设计、技术、科技等新要素的导入，是有道理的。但是，如何形成这种导入机制，则需要一系列制度、组织创新。例如，乡村振兴需要的很多人才，是农村所缺乏的。现在许多大学生毕业后，并不希望回到农村去，但在城市又不能够找到合适的岗位。如何解决这个问题？现在有许多涉农企业的做法值得借鉴，即将公司设立在城市，招聘专业人才，通过项目派遣的方式，使得他们进入农村农业领域。事实上，很多涉农企业的基金管理公司中具有博士、硕士学位的人，一年有 300 天左右在基地上、在农业农村的项目上。这既可以解决就业难的问题，也可以解决乡村振兴人才短缺的问题。

（作者系湖南师范大学中国乡村振兴研究院特约研究员，长沙理工大学经济与管理学院教授。本文系作者在湖南师范大学中国乡村振兴研究院举办的"2021 年中央一号文件学习座谈会"上的发言摘选）

以人才振兴为关键全面推进乡村振兴

⊙ 王文强

今年发布的中央一号文件是"十四五"时期第一个中央一号文件，对当前及整个"十四五"期间的"三农"工作都具有重要的指导意义。文件明确要求全面推进乡村产业、人才、文化、生态、组织振兴，其中提出了一系列有关乡村人才振兴的要求，为全面推进乡村振兴部署了有力的人才支撑措施。

一、人才振兴是乡村振兴的关键

人才是乡村振兴的关键要素。传统农业主要靠经验，现代农业主要靠技术、管理、理念。在设施农业、休闲农业、农村电商等新产业、新业态不断涌现的今天，在农业市场化、标准化、品牌化、集约化以及农村基础设施现代化、乡村治理能力现代化的新发展阶段，没有与之相适应的高素质农民、技术人才、管理人才的支撑，乡村振兴就会是一句空话，强化乡村振兴的人才支撑比任何时候都显得更为紧迫。

人才紧缺仍是乡村振兴的突出瓶颈。在城乡发展不平衡的现实中，人才由乡向城净流出的趋势仍将延续，可以预见"十四五"期间，农村谁来种地、谁来养猪、谁来发展现代农业的问题仍将十分突出。从现实情况看，农村尤其紧缺的是农村创业致富带头人、农村技术技能人才。

返乡下乡人才成为乡村振兴的引领力量。2020 年，全国返乡创业人员已达到 900 万，带动的就业人数达 3000 万。2019

年湖南返乡下乡创业创新人员达到 32.5 万余人，创办农村创业创新主体达 8.5 万个，带动农村就业人口 192 万人。返乡下乡人才利用积累的知识、技术、资金，参与到乡村振兴中，为乡村注入了新动能，他们越来越成为乡村振兴的引领力量。

二、培育高素质农民，优化人才存量

中央一号文件提出，培育高素质农民，组织参加技能评价、学历教育，设立专门面向农民的技能大赛。面向农民就业创业需求，发展职业技术教育与技能培训，建设一批产教融合基地，开展耕读教育，加快发展面向乡村的网络教育，加大涉农高校、涉农职业院校、涉农学科专业建设力度。

这里面的核心内容包括两个方面，一是培养适应现代农业发展要求的高素质农民，一是培育乡村技能人才（乡村工匠）。

对于高素质农民的培育应与就业创业需求相适应，不能为了提高学历而提高学历，学历提高了不一定回农村，所以要适应农民需求，推进农民技能培训与学历教育有效衔接，高素质农民培育与就业创业扶持有效衔接。

要通过耕读教育着力解决好教育培训中耕与读脱节，使培养出的人才缺乏实践能力，与乡村没有感情的问题。注重把对农民的教育培训课堂放到乡村去，放在田间地头，在耕中教，在教中耕，要请有经验、有知识的农民当老师，尤其要将乡村科技带头人、致富能人、土专家、非遗传承人、能工巧匠纳入师资行列，推行农学结合、弹性学制培养模式，提高培育实效。

积极发展面向乡村的网络教育，为农民边学边干、边干边学提供便利。要重视建设涉农教学资源开发应用平台，建立"互联网＋农业"的在线课程资源库，为农业生产经营者随时随地学习提供便利。

推进涉农教育改革。现在很多农林类的高校中，涉农的学科越来越少，因此要突出"农"字特色推进农林高校办学改革，促使其回归本原。地市普通高校应根据需求增加涉农专业招生人数；加强涉农职业教育，引导职业教育学校有针对性地加强涉农专业和课程设置，鼓励创建一批以涉农专业为主导的职业学校。

三、引导城市人才下乡，壮大人才增量

中央一号文件提出，吸引城市各方面人才到农村创业创新，参与乡村振兴和

现代农业建设。吸引城市人才下乡在现阶段还是比较困难的。要做到城乡人才的双向流动，既需要有激励引导措施，也需要探索不求所在、但求所用的路径。这应包括三个方面的队伍：

一是服务乡村的新乡贤。这需要加强对新乡贤的组织、引导与服务，吸引支持企业家、党政干部、专家学者、医生教师、科技人才等回馈故里、服务乡村。通过新乡贤把城市的资源更多引入到农村去。

二是下乡创业的人才。这需要引导城市居民、农村大学生、外出农民工、经商人员等围绕现代农业、农产品加工、休闲农业与乡村旅游、新产业新业态回乡下乡创业兴业。国家在这方面曾经出台了一系列的扶持举措，下一步还需要按照中央一号文件的要求做更多的工作，在平台、用地、金融等多个方面给予支持。

三是服务乡村的专业人才。这需要建立城乡教师、卫生、农技人才的交流轮岗制度，鼓励引导县级及以上单位专业人才通过交流、挂职、兼职等形式下乡服务。加强人才服务乡村的激励与约束，如根据服务乡村的年限与业绩，给予职称晋升、评优评先等评价权重加分和津补贴支持；对于相关专业人才进入县级以上涉农事业单位、晋升高级职称设定服务乡村基层的必备条件等。

四、建设"三过硬"的乡村振兴干部队伍，激活人才变量

干部是组织者、服务者、政策执行者，干部队伍素质在很大程度上决定了"三农"政策的落地落实情况。现在乡村干部特别是优秀干部流失也比较多。中央一号文件提出，加快建设政治过硬、本领过硬、作风过硬的乡村振兴干部队伍，选派优秀干部到乡村振兴一线岗位，把乡村振兴作为培养锻炼干部的广阔舞台，对在艰苦地区、关键岗位工作表现突出的干部优先重用。坚持和完善向重点乡村选派驻村第一书记和工作队制度。加大在优秀农村青年中发展党员力度，加强对农村基层干部激励关怀，提高工资补助待遇，改善工作生活条件，切实帮助解决实际困难。落实这一要求要做好两个方面的工作：

一是完善选派机制。借鉴脱贫攻坚经验，实施向重点乡村选派驻村第一书记和工作队制度。建立党政干部下乡任职、挂职、帮村的长效机制，如要求涉农业务部门干部晋职必须有一定期限的下乡任职、挂职、帮村经历，有计划地从县级以上机关选派有发展潜力、能力突出的年轻干部到乡镇任职挂职，充实乡村干部队伍。

二是完善激励机制。对乡村振兴干部要加强三方面的保障：一是基本条件的保障；二是基本待遇的保障；三是成长发展空间的保障，尤其要注重对乡村干部成长发展空间的保障。如建立对下乡服务绩效突出干部优先重用、晋职等的激励机制。加大从乡镇事业单位工作人员、优秀村干部和大学生村官中招录乡镇公务员的力度；鼓励乡镇事业单位招录有技术特长的优秀村干部、大学生村官；注重从优秀村党组织书记、选调生、大学生村官、乡镇事业单位工作人员中择优选拔乡镇领导班子成员。建立省直单位、市级部门、县级领导班子定向选拔乡镇干部的机制，优先提拔重用工作实绩突出的乡镇干部尤其是在艰苦边远地区工作的干部。

五、加强党对乡村人才工作的领导，提升人才能量

中央一号文件提出，加强党对乡村人才工作的领导，将乡村人才振兴纳入党委人才工作总体部署，健全适合乡村特点的人才培养机制，强化人才服务乡村激励约束。这一要求有利于纠正很多地方党委政府只重视城市人才、工业人才、高科技人才，不重视农业农村人才的倾向。将乡村人才振兴纳入党委人才工作总体部署，就是要求各级党委在部署人才工作时，做到城乡人才一起抓、统筹抓，促进城乡人才的协同培养、合理流动。就是要强化各级党委抓好落实乡村人才队伍建设的职责，健全组织体系，分解工作任务、工作责任。将乡村人才队伍建设纳入五级书记抓乡村振兴的整体工作部署之中，列入党委、政府工作的重要议程，强化顶层设计和统筹谋划，完善政策支撑体系，加强对人才培训经费、人才智力引进经费、人才评选奖励经费和人才发展专项经费等人才经费的统筹使用，推进乡村人才振兴工作与乡村产业振兴、生态振兴、文化振兴、组织振兴等工作统筹管理，促进人才工作与乡村振兴相适应。

（作者系湖南师范大学中国乡村振兴研究院特约研究员，湖南省社会科学院人力资源与改革发展研究所所长。本文系作者在湖南师范大学中国乡村振兴研究院举办的"2021年中央一号文件学习座谈会"上的发言摘选）

落实中央一号文件的几点期盼

⊙ 陆福兴

中央一号文件公布后，相关领导、专家学者通过各种媒体进行了全方位的解读，对于我们理解文件精神、推进文件落实起到了很好的指导作用。今年的中央一号文件有许多亮点和新意，是指导我国全面实施乡村振兴的第一个文件，也是一个很有含金量的文件。但是，文件再好，关键要落实。依据往年中央一号文件的落实情况，结合全面实施乡村振兴的现实需要，谈一谈落实今年中央一号文件的几点期盼。

1. 期盼一号文件能尽早及时落实落地

中央一号文件作为党中央国务院 2021 年排序第一的文件，签署时间是 1 月 4 日，但是公开发布还是姗姗来迟。一年之计在于春，今天已经是 2 月底了，再过几天就是 3 月份，3 月份一过，今年的第一季度就结束了。如果按照惯例，每个省市自治区根据中央一号文件再搞一个落实实施的"地方一号文件"，然后层层推进下去，最后落实到基层，恐怕就要大半年了。如果落实不及时，就会影响全面乡村振兴的尽早开局，一号文件写得再好，其效果也要大打折扣。因此，一定要及时尽早落实，各地要赶在春耕前推进一号文件的落地，不能搞形式主义而耽误一号文件的时效性。

2. 期盼落实中完善全面乡村振兴的内容

中央一号文件每年都有一个主题，但事实上接续推进力度不够，存在每年一个重点主题，第二年可能就换了主题的问题。今年一号文件的主题是全面推进乡村振兴，全面推进乡村振兴是一个复杂的系统工程，包括方方面面很多内容。按照乡村振兴五个方面的要求和五个振兴的内容，一号文件不能面面俱到，只能有重点地推进，所以全面乡村振兴除了今年中央一号文件中的内容，还应该包括以前中央一号文件强调的东西，要把历年中央关于"三农"发展的一号文件联系起来，而不能像猴子掰包谷一样，掰一个丢一个。同时，乡村振兴不可能乡村单独振兴，必须与国家城市化、工业化联系起来，也就是必须在城乡融合发展中才能振兴，如何推进工业反哺农业，城市支持农村，还要参考国家的其他文件精神，不能就文件机械落实，导致全面实施乡村振兴的一号文件被片面落实。

3. 期盼明确文件落实的主体责任

今年一号文件是全面乡村振兴的起始文件，如何推进全面乡村振兴，首先必须完善推进的主体责任。当前，我国有明确乡村振兴任务的是各级党委的农村工作领导小组，各级政府的农业农村机构，还有由各级扶贫办改名过来的乡村振兴局。首先，这三家机构之间的职责还没有明确。尽管各级党委的农村工作领导小组有全局性的领导作用，但是农业农村部门和新成立的乡村振兴局之间怎么分工，谁来落实一号文件，谁来监督推进，还需要明确权力和职责，否则就会相互打架或推诿责任。其次，乡村振兴牵涉到许多部门，这些相关部门的一号文件责任如何落实，必须有明确要求和考核标准，否则一号文件就难以落地，就会成为一个停留在纸上的美好文件。

4. 期盼完善一号文件落实的体制机制

全面实施乡村振兴绝对不是精准扶贫的翻版和照抄，需要建立农民、政府、社会、市场各方参与的体制机制。尽早明确在全面实施乡村振兴中，农民该做什么，政府该做什么，要市场做什么，要社会做什么。因而，在落实中央一号文件中，要首先完善体制机制，否则，乡村振兴就会造成农民看、政府干、社会尴尬、市场靠边站的被动局面，影响一号文件的实效性。

5. 期盼强化文件落实的操作性

作为针对农业、农村、农民的中央一号文件，应该让农民看得懂，在实施中更加具有可操作性。当前文件理论味比较浓，农民比较难理解。乡村振兴从哪里着手，今年重点做什么，农民还不够明白。因此，各地在落实文件精神时，要把文件简化成农民易懂、容易操作的条款，要像中央八项规定一样，使农民知道全面实施乡村振兴该做什么，从哪里做起，不能做什么，一目了然，只有这样才能凸显中央一号文件在全面实施乡村振兴中的指导作用。

（作者系湖南师范大学中国乡村振兴研究院副院长、教授。本文系作者在湖南师范大学中国乡村振兴研究院举办的"2021年中央一号文件学习座谈会"上的发言摘选）

全面推进乡村振兴要注意处理好四大关系

⊙ 何绍辉

今年的中央一号文件定位很高，既强调"民族要复兴，乡村必振兴"，要站在民族复兴的高度来重视和推进乡村振兴；也强调要把乡村建设放在社会主义现代化建设的重要位置，从社会主义现代化建设高度来谋划和推进乡村振兴。其次是亮点很多，比如要把县域作为城乡融合发展的重要切入点，要吸引城市居民下乡消费，要推进燃气下乡等。三是落点很实，比如实现巩固拓展脱贫攻坚成果同乡村振兴有效衔接要设置 5 年的衔接过渡期，对低收入人口常态化帮扶要注重分层分类等。

实现一号文件所确定的目标，全面推进乡村振兴、加快实现农业农村优先发展，在下一步工作中有几个关系要处理好：

一是巩固拓展脱贫攻坚成果和全面推进乡村振兴的关系。

自实施乡村振兴战略提出以来，就提到要推进乡村振兴与脱贫攻坚有效衔接。现在，脱贫攻坚目标任务如期完成，现行标准下农村贫困人口全部脱贫，贫困县全部摘帽，历史性地消除了绝对贫困和区域性整体贫困，全面建成小康社会目标即将实现。在这样的时间节点推进乡村振兴，就要处理好脱贫攻坚成果巩固和乡村振兴的关系。关于这一点，在一号文件里面有很多好的提法和一些具体的政策措施，怎么把它们两个处理好，这是在我们具体工作实际当中尤为需要注意的地方。

二是农业农村优先发展、乡村振兴与农业农村现代化的关系。

一号文件的主题是全面推进乡村振兴、加快农业农村现代化。推进乡村振兴有个前提，就是要坚持农业农村优先发展。实现农业农村现代化，就要全面推进乡村振兴。因此，三者的逻辑关系应该是，坚持农业农村优先发展，推动乡村全面振兴，最后就是实现加快农业农村现代化的目标。这样的逻辑关系，在后续工作当中要注意区分和处理好。

三是实施乡村建设行动与全面推进乡村振兴的关系。

一号文件的重要亮点就是要大力实施乡村建设行动。乡村建设在中国乡村发展历史上早已有之，二十世纪二三十年代还曾兴起过乡村建设运动。我们今天的乡村建设行动与之前的有何区别，又如何通过乡村建设行动实现乡村振兴的目标，这需要处理好乡村建设行动与乡村振兴的关系。要而言之，我们要以乡村建设行动来推动乡村全面振兴，来实现乡村社会健康持续发展。

四是全面推进乡村振兴与推进乡村全面振兴的关系。

两者的立足点不同，前者主要是从力量的角度，就是要形成推进乡村振兴的整体合力，要强化五级书记抓乡村振兴的工作机制，汇聚更加强大的力量。后者主要是从内容的角度，就是要推进乡村产业、人才、文化、生态和组织振兴，走中国特色社会主义乡村振兴道路。只有两个方面综合起来用力，才能实现乡村振兴和农业农村现代化目标。当然，在这个过程中，还有一个全面和全部的关系问题，全面不是全部。这是因为在发展和推进过程当中，难免会有村庄需要转型，甚至可能会被撤并。所以在推进过程中，一定要注重搞好分类推进工作。

（作者系湖南师范大学中国乡村振兴研究院特约研究员，湖南省社会科学院社会学研究所副所长、研究员。本文系作者在湖南师范大学中国乡村振兴研究院举办的"2021年中央一号文件学习座谈会"上的发言摘选）

新阶段乡村建设行动的几个特点

⊙ 胡守勇

　　乡村建设行动是党的十九届五中全会上提出来的。今年一号文件把它作为一个重要板块进行了系统的安排。从历史来看，我们对乡村建设、乡村治理并不陌生。早在民国时期，一些有识之士如晏阳初、梁漱溟等就对乡村建设进行了探索和实验。新中国成立后，远的不说，2005 年召开的十六届五中全会就决定开展社会主义新农村建设。乡村建设行动在文件中的篇幅较多，具有如下几个重要特点。

　　一是从背景看恰逢其时。

　　首先，在全面建设社会主义现代化国家的新阶段提出乡村建设行动，站在一个新的历史起点上。这个起点就是中华民族结束了几千年绝对贫困的历史，每一个中国人基本都能得到"两不愁三保障"的底线安排，有尊严地生活这一点基本达到了。无论是实践基础，还是理论认知和制度安排都大大地超越了 15 年前的社会主义新农村建设，与民国期间的平民教育和乡村建设更是不能同日而语。其次，中央统筹国内国际两个大局，提出构建新发展格局的战略安排，通过乡村振兴把广大乡村腹地的毛细血管打通，形成广大农村这个大循环，由此会拓展和激发出巨大的发展空间和经济增长点。随着乡村发展底盘的巩固，国家能够更加从容地应对国际上反全球化等保护主义，以及很多非经济因素对中国的遏制和围堵。最后，扩大内需是战略基点，农村发展不充分的现状蕴藏着扩大的消费空间。比如家电更新换代、村组道路建设等内需的释放也是服务整个国家经济布局和高质量发展的必然选择。

二是从内容看整体推进。

从行动内容看，乡村建设行动有 8 个方面的立体布局，包括村庄规划、乡村公共基础设施建设、人居环境整治、基本公共服务、全面促进农村的消费、加快县城内城乡融合发展、强化农业农村优先发展的投入以及农村改革等。从行动目标看，通过乡村建设行动要在乡村的面貌、乡村发展的活力、乡村的文明程度、乡村发展的安全保障以及农民幸福感、获得感、安全感等农村社会心态认知方面，体现整体推进的特点。

三是从方法看统筹兼顾。

怎么统筹呢？一方面是巩固脱贫攻坚成果和乡村建设行动的统筹，安排了 5 年时间。在乡村建设行动过程中，不能出现大规模返贫，偶尔、零星、孤立的返贫肯定会有，不可能一下子搞干净，但可以通过社会保障体系来解决。另一方面就是全国一盘棋，把城和乡统筹起来，包括全国统一的市场体系等。文件特别规定以县域为载体推进城乡融合，很符合实际，有基础，其势已成。

四是从基调看稳健务实。

这个文件体现了实事求是的精神，很务实，比如不能强迫农民上楼、不搞大拆大建、不刮风搞运动等。

最后一点，这个文件体现了农民主体的原则，一定程度上是对乡村建设行动中可能存在违背农民意愿、替农民做主等把好事搞坏的问题敲响了警钟。

（作者系湖南师范大学中国乡村振兴研究院特约研究员，湖南省社会科学院社会学研究所副所长。本文系作者在湖南师范大学中国乡村振兴研究院举办的"2021 年中央一号文件学习座谈会"上的发言摘选）

突出产业发展在农村农业现代化进程中的关键作用

⊙ 姚波

今年的一号文件时间特殊、背景特别、意义重大，是在两个一百年战略目标转移过程中的重要政策安排，明确提出了推进乡村全面振兴，实现农业农村现代化。作为"三农"的实务工作者，感受颇深。

一是把握问题导向，抓住农村农业现代化驱动环节，解决发展的动能问题。

现在"三农"存在的很多问题是产业发展引发的，世界范围内来看农村，包括日本高度城市化以后，乡村面临空心的问题，一点不比中国容易。这些问题的核心都是产业在新的历史条件下难以实现城乡协同和工业协同。我们企业参与乡村建设经历了三个阶段。第一个阶段，就农业产业谈农业产业，交了很多学费。在产业发展过程中，城市资本很容易成为乡村和农民的利益对立面。这个问题迫使我们思考怎么样用一种更加和谐的方法来参与乡村建设。第二个阶段，我们在 2014 年、2015 年提出了一体化乡村建设理念（当时还没有提出乡村振兴战略），探索把乡村的人居环境改善、产业发展、文化治理在项目区域内统筹起来考虑。第三个阶段，从国土空间整治切入，以产业发展为重要特色，用乡村全面发展的理念和观念，把农民利益和企业利益、政府利益和企业利益协同起来，把乡村的生产生活统筹起来。

我们在南县做了全省第一个土地综合整治助推乡村振兴项目，因为突出产业发展，一万亩的土地整治有了精准的方向；人居环境的改善可以把生产、生活和环境协同起来；乡村的文化和治理有了载体，呈现了全面振兴的可喜局面，没有产业发展这条线，很难把复杂的体系协同起来。

二是要完善系统思维，实现统筹发展。

一张蓝图治天下，用空间规划来统筹所有的规划不容易，但站在企业角度从项目角度去做规划就有了可能。这种规划要落地，必须符合经济规律，企业当然会非常认真思考和谋划这些东西。在项目推进过程中实现系统的协调和统筹，这是非常重要的。

三是突出核心点和难点，做好重点突破。

从企业从事"三农"工作视角来看，最大的资源和最难的工作就是农村土地。释放土地这一基础生产要素活力，以国土空间整治来切入，用目前能够看得见、摸得着的政策工具，是推动产业发展、实现全面振兴的重要抓手。

四是坚持高质量发展，守住绿色发展的底线。

过去的工业化、城镇化进程以牺牲环境为代价，在新一轮乡村发展的过程中，要把绿色发展、高质量发展作为我们的底线。目前国家的政策，为这种发展提供了很好的空间，站在我们企业角度来说，这种发展能够为企业带来很好的利益，为什么不按照这个走呢？

五是尊重企业家的精神，按照市场规律和逻辑去推动产业发展。

我们乡村的各项发展，过往有一个很大问题就是不尊重市场规律。我们也面临这样的问题，那么好的乡村基础设施条件建好以后，一把大锁锁起来，没人运营，不知道怎么运营，建好了有什么用？但是这些事情企业能够做，引导企业和村民共同呈现价值的利益，这个事情就能做好，所以很多问题讲起来非常复杂，在我看来非常简单，只要能够回到市场规律这个原始点来说，这个问题就解决了。政府引导非常重要，但不能越位和代替，就像乡村建设要坚持农民主体。

（作者系湖南师范大学中国乡村振兴研究院特约研究员，湖南农顺现代农业发展有限公司董事长，本文系作者在湖南师范大学中国乡村振兴研究院举办的"2021年中央一号文件学习座谈会"上的发言摘选）

抓住关键创新引领乡村振兴

⊙ 陈明

根据今年中央一号文件精神和湖南情况，要注意两个结合，就是把贯彻一号文件精神与湖南发展实际相结合，把贯彻文件精神与创新相结合，抓住关键点，突出三个方面：

一是抓住谁先服务乡村振兴的关键。

首要是鼓励城市中小企业"上山下乡"，服务乡村振兴，把人才、资金、信息、技术通过中小企业平台带到乡村去，这也是当前由于新冠疫情及国内国际经济形势以及内循环国家战略决定的。一方面当前经济下行，城市中小企业生存成本高，竞争激烈，面临很大压力。另一方面，在乡村振兴上，农村缺人，缺技术团队，因此当前省委、省政府加快出台措施，鼓励城市中小企业"上山下乡"，把人、财、物、技术等带下去为乡村服务，如果单靠当地政府派负责人或个别乡贤是远远不够的。

二是抓住区域为关键，重新布局湖南农业产业发展，形成区域性特色。

首先是主导产业区域，重点打造以环洞庭湖为区域的鱼米之乡。其次是生态产品区域，以大湘西生态农业、一县一特等特色农业，主打生态品牌。再次是融合创新引领区域，以长株潭"3+5"城市群为核心的都市农业圈，主打三产融合，突出新模式、新发展引领。

三是抓住降成本、促民生关键。

对因政府政策性引发的生产生活原料，如建筑砂石砖料等太贵问题、农村融资贵融资难等问题、就业问题等系列民生福祉，要注意降低成本。

（作者系湖南师范大学中国乡村振兴研究院特约研究员，湖南现代农业高科技有限公司董事长，本文系作者在湖南师范大学中国乡村振兴研究院举办的"2021年中央一号文件学习座谈会"上的发言摘选）

一号文件的华丽转身与期望

⊙ 傅晓华

关注中央一号文件十多年，除 2011 年是以水利为主题外，其他都是关于农业的。今年主题是乡村振兴，说明中央对农村的关注提升到前所未有的高度。今年中央一号文件是一个姗姗来迟的文件，也是优美与期望并存的文件。

优美的一方面，在十分正确的时期实现华丽转身，由扶贫攻坚转向乡村振兴。这个时间点很及时，主题也很正确和切合时代，在建党一百周年点出了一个时代主题。扶贫在中国是个比较特殊的概念，讲扶贫基本上指的是中国农村，虽然城市也有贫困。扶贫一般是借助外力，或者城市某个单位（部门）对准某一个贫困乡村。从哲学上来说，扶贫更多是外力起作用的过程，一般不会是长期的。如今扶贫攻坚任务基本完成，迈入全面小康社会，党中央提出乡村振兴是恰逢其时，这个转身是很华丽的，关系到整个中华民族振兴。

乡村振兴是农村自我发展的必然选择，无论是否脱贫，到了特定历史阶段都必然要走乡村振兴之路。所谓特定历史阶段，就全局而言，乡村振兴是中华民族复兴的最关键要素，就局部而言，中国农村基本上完成了脱贫任务，不能再被动地接受"等靠要和帮扶式"物质资源，已经到了一个该自我发展和具备自我发展物质基础的历史阶段了。所以乡村振兴是历史必然，是农村全面发展的质的飞跃，包括产业振兴、人才振兴、文化振兴、生态振兴、组织振兴。

优美同时也存些许期望，即华丽转身之后出现路径迷茫。

中央一号文件思路是正确的，内容是丰富和清晰的，但操作是有难度的，也有些方面在专业性层面还需补充与加强。比如农业绿色发展，把农业绿色发展简单描述和理解成农业污染防治、生态标志、河长制、林长制等，没有落脚到农业生产和消费的核心环节，是很难绿色发展的。农业作为产业尤其是作为最基础的第一产业，绿色发展更多还应该从生产和消费层次提出目前可操作性农业绿色发展措施、产业规划和有序生产等，尽量减少蔬菜烂在田里、水果烂在树上的现象。再如人居环境整治方面，提出的厕所革命、黑臭水治理这些重要问题都是点到为止，对农村人居环境整治最关键的"谁是主体""利益机制""责任落实"等没有提及。如果明年一号文件还是乡村振兴，这些问题应该要补充。

当然，一号文件总的来说是优美远大于期望的，机遇也是很多的，为我国乡村振兴指明了方向和基本道路。

（作者系湖南师范大学中国乡村振兴研究院特约研究员，中南林业科技大学教授，本文系作者在湖南师范大学中国乡村振兴研究院举办的"2021年中央一号文件学习座谈会"上的发言摘选）

充分发挥旅游业在乡村振兴中的作用

⊙ 罗文斌

　　历年中央一号文件，至少近七八年，每年都提到发展乡村旅游，农业农村部的提法是休闲农业和乡村旅游，文旅部门的提法是乡村旅游，都是做一个事情，就是要发挥旅游业在农业农村发展中的作用。实际上旅游产业对于乡村振兴的作用是非常重要的，因为它可以串联起五大振兴，至少是产业振兴的很好途径。

　　一是发挥旅游业在乡村振兴中的作用。

　　实现产业振兴，可以带来人气，提高效益，解决生计问题，传承文化；还可以提高土地利用效率，推动土地改革；等等。中国乡村资源禀赋不一样，是不是全面推开，都来发展旅游产业？这个问题要研究。现在根据市场需求变化，旅游的概念也在不断发展，什么是旅游资源和旅游吸引物，就是让市场、消费者、旅游者对它感兴趣，要从市场需求视角来定义。乡村文化传承，在新时期乡村振兴阶段越来越受重视，成为我们乡村发展的宝贵资源，有利于促进乡村旅游的发展。还有休闲农业、生态农业的发展，它们是相互促进的关系。当然旅游的发展需要有很好的基础，近些年，无论是基础的农村环境人居整治，还是公共基础服务设施建设，包括土地全域整治的推广和深化，都可以促进乡村旅游产业发展以及乡村发展。2017 年以来国家提出的全域土地整治、"土地整治 +"，就是一个通过土地整治项目来整合各种资源、搭建乡村发展平台的一个有效的农村综合发展模式。

二是土地一直是个关键要素。

土地在农村这一块的改革是非常敏感的，三年前就讨论这个问题。实际上旅游业的发展，需要建设用地的支持，现在土地供给是乡村旅游发展非常大的障碍。今年一号文件提出来，根据乡村休闲旅游具体分布情况来创新供地方式，这是对于解决乡村旅游发展中土地供给创新改革的有力支持和方向指引。

三是农民的生计始终是落脚点。

我们在思考构建土地—产业—生计三者互动的框架，形成共同推进乡村振兴的发展模式，突出的三大主要要素，也是近些年申报国家自然课题的核心内容。为什么生计很重要？很多年前，我们在乡村旅游开发过程中也出现过企业投资失败的问题，至今也有很多。究其原因，是企业的经营理念不对，没有考虑农民的利益和生计问题，只顾追求企业利润，把社区的居民抛开，这就导致了一系列项目最后无法进行。城市资本剥夺农村农民利益的想法，肯定行不通。我们要重视农民生计，一些新的提法——非农化、旅游化也是如此。当然非农化发展道路已经成为大多数农村农民发展的普遍选择，大多数农民怎样获得比种植粮食更多的收益，这个是乡村振兴比较现实的问题，不解决好，乡村很难振兴。乡村振兴要抓住农村土地这一关键要素，推动产业转型发展。土地利用也好，产业发展也好，最终还是要落脚到农民生计可持续发展上来。

（作者系湖南师范大学中国乡村振兴研究院特约研究员，湖南师范大学旅游学院副教授，本文系作者在湖南师范大学中国乡村振兴研究院举办的"2021年中央一号文件学习座谈会"上的发言摘选）

新发展阶段如何创新耕地保护机制

⊙ 瞿理铜

2020 年，国家层面连续出台相关政策文件，遏制耕地"非农化"，防止耕地"非粮化"，并对农村乱占耕地建房问题进行专项整治。2021 年，中央一号文件提出要坚守 18 亿亩耕地红线，并在耕地保护方面提出了许多新举措。

2021 年春节返乡调查发现，随着城镇化不断推进，村庄常住人口减少，部分自然村空心化非常严重，大部分农民选择在"人气"较为旺盛的自然村建房，农民集中居住的趋势越来越明显，但在这些"人气"较为旺盛的自然村新建住宅面临存量宅基地不足的难题，部分农民选择在自己承包的耕地（部分甚至是基本农田）上建房，或购买同村其他农民的承包地建房，使得一些优质的良田被违规占用建房，给耕地保护带来新的压力，在新的发展阶段如何创新耕地保护机制显得尤为重要。

首先，如何创新机制调动耕地产权主体保护耕地的积极性显得尤为重要。现阶段耕地所有权主体处于一种虚置状态，依靠耕地所有权主体来保护耕地显得较为乏力。因此，如何提高承包者即农民耕地保护的积极性显得尤为重要。建议国家和地方政府设立耕地保护专项基金，对耕地保护工作做得较好的农民进行奖励。同时，严厉打击违规占用耕地和买卖耕地建房的行为，尤其对买卖耕地建房的双方严加惩处。

其次，开展农村全域土地整治，规划农民集中建房点。在严厉打击农民违规占用耕地建房的同时，积极开展农村全域土地整治，规划农民集中建房点，完善农民集中建房点基础设施和公共服务设施，引导农民新建住宅时进入集中建房点建房，并对进入集中建房点建房的农民进行物质奖励。

最后，构建农民违规占用耕地建房的举报奖励机制。目前乡镇规划部门人员力量有限，完全依靠乡镇规划执法部门实时监管农民违规占用耕地建房的难度较大。因此，要充分依靠人民群众的力量，让群众来监督群众，建议各地设立奖励基金，专门用于奖励举报农民违规占用耕地建房的人民群众。唯有依靠人民群众的力量，才能形成耕地保护的长效机制。

（作者系湖南师范大学中国乡村振兴研究院副院长，本文系作者在湖南师范大学中国乡村振兴研究院举办的"2021 年中央一号文件学习座谈会"上的发言摘选）

让尊重农民意愿落在实处

⊙ 张黎

中央一号文件在千呼万唤中于 2021 年 1 月 21 日发布，这是 21 世纪以来第 18 个指导"三农"工作的中央一号文件，凸显了新发展阶段党中央对农业农村工作的持续性的高度重视，也使得中央一号文件成为中央重视"三农"问题的专有名词。

今年的中央一号文件出台面临着十分特殊的社会背景，可以说当前处于新的重要的历史节点，一是脱贫攻坚战全面收官走向推进乡村振兴的历史节点，二是防疫战从应急防控走向常态防控的历史节点，在这样一个特殊的历史节点上的中央一号文件也积极回应了社会现实，侧重脱贫攻坚成果同乡村振兴有效衔接与加快推进农业现代化，提升粮食和重要农产品供给保障能力。同时，中央一号文件侧重乡村建设，提出"大力实施乡村建设行动"，并从当前农业农村所面临的现实问题和突出矛盾出发，强调"乡村建设是为农民而建，要因地制宜、稳扎稳打，不刮风搞运动。严格规范村庄撤并，不得违背农民意愿、强迫农民上楼，把好事办好、把实事办实"。

无疑这是对近几年一些地方不顾民情、不管民意、强力推进村庄撤并——舆论场中炒得沸沸扬扬的山东撤村并居事件引发的舆论战的一个明确回应。这也说明，顶层设计部门的文件越来越接地气，不回避问题，积极回应问题，及时纠偏纠错，正所谓"民之所向，政之所往"。

但是也应看到，类似的表述并不是第一次在中央一号文件中出现，2006 年、2009 年、2013 年均出现过相关表述，而从近三年来看，2019 年提到"充分尊重农民意愿……激发和调动农民群众积极性主动性"，2020 年提到"坚持从农村实际出发，因地制宜，尊重农民意愿"。可以看出尊重农民意愿是我们党一以贯之的态度和要求。然而细究起来，从以往的"尊重农民意愿"到今年提出"不得违背农民意愿"，这一表述呈现明显的层次递进关系，程度上不断加深。这也说明，这些年来，在尊重农民意愿方面，并没有得到根本的改善，而且在个别地方还愈演愈烈，所以语气也变得更为严厉。

"乡村建设是为农民而建"，农民是乡村建设的主体，如果忽略农民的情绪，违背农民的意愿，农民的积极性和主体作用将无从发挥，乡村建设与乡村振兴则成为无本之木。"政之所兴，在顺民心。"让政令更大程度上顺应民心，才能取得百姓的真心拥戴。历史经验表明，凡是顺应农民意愿的事，大都推动了社会的进步和发展；凡是违背农民意愿的事，往往事与愿违，甚至会造成严重的后果或社会问题。因此，在新的历史发展阶段，尊重农民意愿理应成为农村社会治理的核心与基本目标。

中央一号文件在最后提出"健全乡村振兴考核落实机制"，当前应从法规制度层面加强建设，探索把尊重农民意愿情况纳入党政领导班子和领导干部综合考核评价内容，对于违背农民意愿，造成不良影响和后果的要视情况进行惩处和问责，出台可操作性举措，让尊重农民落在实处，避免成为流于形式的口号！

（作者系湖南师范大学中国乡村振兴研究院特约研究员，湖南省社科院中国乡村振兴研究院副研究员，本文系作者在湖南师范大学中国乡村振兴研究院举办的"2021 年中央一号文件学习座谈会"上的发言摘选）

何谓"农业农村现代化"

⊙ 彭秋归

这次中央一号文件的主题是"全面推进乡村振兴 加快农业农村现代化"，时隔 5 年再次聚焦现代化的问题，并且是农业农村现代化并提，首次进入一号文件。回顾 21 世纪以来的 18 个关于"三农"的一号文件，其中就有 6 个一号文件是以现代农业、农业现代化为文件主题，占到了三分之一，分别是 2007 年、2013 年、2014 年、2015 年、2016 年、2021 年，这些一号文件重点从推进社会主义新农村建设、增强农村发展活力、全面深化农村改革、加大改革创新力度、落实发展新理念、全面推进乡村振兴等方面开展农村工作，最后的落脚点都是强调农业现代化建设。从长时段来看，全部 18 个一号文件，现代化始终是一个一以贯之的主线，根本目标就是实现农业、农村、农民的现代化。

到底何谓现代化，答案五花八门、众说纷纭，各个学科各个学者都有自己的理解和认识，但总的来说，现代化指的是从农业社会向工业社会转变，工业主义渗透到经济、政治、文化、社会等各个领域，从而引起了全方面的深刻变化，包括科学技术的创新、农产品的商品化、信息化、城镇化等。现代化没有固定的模式，西方有西方现代化，中国有中国的现代化。中国自近代以来，从器物、制度、思想等层面向西方学习，就是寻求现代化的过程。新中国的成立，标志着中国开始寻求有自身特色的现代化过程。

农业现代化是中国现代化的重要组成部分，因此，新中国把农业现代化作为四个现代化目标之一。1954 年召开的第一届全国人民代表大会，第一次明确提出要实现工业、农业、交通运输业和国防的四个现代化的任务，1964 年底召开的第三届全国人民代表大会第一次会议提出"四个现代化"的宏伟目标，并宣布要把我国建设成为一个具有现代农业、现代工业、现代国防和现代科学技术的社会主义强国。之后邓小平同样强调要专心致志地、聚精会神地搞"四个现代化"建设，并且把它确定为党在当时的政治路线。

现在来看，"四个现代化"取得了辉煌的成绩，尤其是工业、国防、科技的现代化进步巨大，甚至在部分领域实现了对西方发达国家的赶超。但是，中国的农业现代化则相对远远落后了，无论是对比国外西方发达国家还是对比国内其他三个现代化。落后的原因很多，可以说有人的因素，包括农民的现代化程度和速度以及领导人的战略决策需要等；还包括物的因素，比如农村生产资料、生活资料的落后性；还有发展先后的因素，农业的现代化很大程度上要建立在工业、科技等现代化的基础之上，从世界范围而言，没有工业和科技的现代化，要优先或独立实现农业现代化几乎是不可能的。也正是因为如此，中国作为传统的大规模的农业国家，实现农业现代化始终是全面现代化进程中最艰巨、最繁重的部分。

从实践来看，中国农业现代化历程简单来说经历了三个阶段。新中国成立前30 年，我国农业现代化以生产工具机械化和组织方式集体化为核心内容，是先集体化后机械化，以农业机械化、农民集体化推动农业现代化。党的十一届三中全会以后，我国农业现代化更加重视科学技术和人的解放，实行家庭联产承包责任制和发展适度规模经营。21 世纪以来，我国农业现代化与城镇化、信息化、科技化相结合，更加注重农业生产经营的集约化、专业化、组织化、社会化，并不断培育新型农业经营主体。

2021 年的一号文件，对农业现代化又提出了新的内涵，最鲜明的是要求坚持农业现代化与农村现代化一体设计、一并推进。原来所提出的农业现代化，主要是从产业的角度，强调提高农村的生产资料、经济基础和物质保障。现在提出农业农村现代化，是在继续强调在农业现代化的前提下，立足于破解城乡发展不平衡和农村发展不充分的问题，强调推动农村基础设施、人居环境、公共服务、生态文明、治理体系和治理能力等方面的现代化，逐步缩小城乡生活条件等方面的差距，加快形成工农互促、城乡互补、协调发展、共同繁荣的新型工农城乡关系，真正促进农业高质高效、乡村宜居宜业、农民富裕富足。具体而言，文件就加快推进农业农村现代化提出了七个方面的要求：一是提升粮食和重要农产品供给保障能力；二是打好种业翻身仗；三是坚决守住 18 亿亩耕地红线；四是强化现代农业科技和物质装备支撑；五是构建现代乡村产业体系；六是推进农业绿色发展；七是推进现代农业经营体系建设。这七个方面重点从提高生产力、调整生产关系、夯实经济基础、协调上层建筑等领域入手，为全面推进乡村振兴、加快农业农村现代化作出了新的安排和部署。

（作者系湖南师范大学中国乡村振兴研究院特约研究员，湖南省社会科学院《毛泽东研究》编辑，本文系作者在湖南师范大学中国乡村振兴研究院举办的"2021 年中央一号文件学习座谈会"上的发言摘选）

"软硬兼施" 绘就幸福乡村蓝图

⊙ 李珺

党的十八大以来，农业农村发展取得历史性成就，尤其当前，站在由脱贫攻坚向乡村振兴战略转变的历史拐点上，我们理当拥有更好的条件，让乡亲们的生活更美好。结合 2021 年中央一号文件，我们谈谈如何"软硬兼施"，使乡村留得住乡愁，从而绘就幸福乡村蓝图。

一、"硬"处发力，大力实施乡村建设行动

今年中央一号文件专门用一章篇幅对乡村建设行动进行全面部署，由此可见"十四五"时期，乡村建设在社会主义现代化建设进程中至关重要。物质基础决定上层建筑，没有一定的物质因素作支撑，美丽的乡村发展画卷不过是空中楼阁、镜中水月。今年是逐步实现由集中资源支持脱贫攻坚向全面推进乡村振兴平稳过渡之年，实施乡村建设行动，就是为了让乡村面貌在硬件层面发生显著变化，为软件层面的升级做准备、打基础。

在村庄规划方面，要推动各地合理确定村庄分类和布局，注重保护好传统村落民居和乡村特色风貌。在公共基础设施建设方面，要着力推进水、电、路、气、房、讯、冷链物流等公共基础设施，尽量覆盖到每村每户，同时探索建立维护机制，改变以往重建设、轻维护的局面。在人居环境整治提升方面，从农民实际需要出发抓好分类改厕和污水处理，提高农村厕所卫生文明水平。在公共服务一体化方面，持续推动教育、医疗、

文化、养老、社会保障等公共资源的优化配置，让农民可以享受到与现代生活相适应的基础设施和基本公共服务。值得注意的是，这种基本公共服务满足农民不同层面的需求，因地制宜、稳扎稳打，实现功能衔接互补，而不是一窝蜂搞"大跃进"式的运动，一号文件特别提出，乡村建设是为农民而建，不得违背农民意愿办事。只有真正尊重农民意愿，维护农民权益，才能增强农民的幸福感和获得感。

二、"软"处着手，加强新时代农村精神文明建设

推动乡村全面振兴既要重视"硬件"建设，也不能忽视"软件"建设。加强新时代农村精神文明建设也就是振兴乡村之魂，没有灵魂的乡村就如同一盘散沙。新的发展阶段，党对"三农"工作的全面领导不仅不会削弱，只会继续加强。要抓好以人民为中心这一根本前提，激发农村内部主体的能动性，以农民群众喜闻乐见的方式，弘扬和践行社会主义核心价值观；要抓好保护与开发并重这一核心手段，深入挖掘、继承创新优秀传统乡土文化，在传统与现代的持续碰撞中，赋予中华农耕文明以新的时代内涵；要抓好解放思想、创新宣传这一重要方法，建强、用好县级融媒体中心，依靠现代前沿技术作为支撑，在乡村开展"听党话、感党恩、跟党走"宣讲活动，把党的声音传播到田间地头。

其实无论在农村还是城市，加强精神文明建设，都面临着许多困难与挑战，现代技术是一把双刃剑，既可以帮助更好地传播核心价值观、网络时代的多元化也可以阻碍农民对重要信息的获取和吸收。从前一个宣传栏、大喇叭就可以起到很好的宣传效果，而如今传统的单一宣传渠道早已被抛之脑后。现在更加注重沉浸体验式的精神文明建设，比如在传统节日文化中践行社会主义核心价值观，如果能把传统活动和新时代精神进行融合，在一些节日的民俗文化活动中包括挂灯笼、写春联、贴年画、放鞭炮、守岁、舞狮、踩高跷、逛庙会等体现新时代的乡土文化特色，往往比单纯的道德说教更生动、更有效。民俗文化所展示的独特魅力，最贴近人民的生活，也最能集聚情感与人心。

（作者系湖南师范大学中国乡村振兴研究院博士研究生，本文系作者在湖南师范大学中国乡村振兴研究院举办的"2021年中央一号文件学习座谈会"上的发言摘选）

县乡连线

以县域融合发展引领乡村全域振兴

⊙ 徐华勤

县域作为中国经济社会的基本单元，最能体现城乡融合发展的程度与水平。县域整体发展、城乡一体化联动，乡村全域振兴就有了支撑、有了动能。经济发展好、社会治理好的县域，不仅能够实现城镇繁荣，还能让乡村充满活力。集中精力加快推动城乡融合发展，是实现乡村振兴的必由之路。

一、在区域一体化中谋划县域乡村振兴

溧阳地处苏浙皖三省交界，在多元多层次区域合作中找准乡村振兴着力点。溧阳提出"建设长三角生态创新示范城市"奋斗目标，既要让生态在区域一体化中更具吸引力，让人愿意来；还要以新颖形式放大生态的魅力，让更多人来了不想走、走了还想来；更要通过生态优势蓄积发展动能，在更高层次实现生态的价值。最终通过科技、人才、产业与生态融合，为县域发展添薪续力。近年来，溧阳打造了全国首家水利设施类上市公司"天目湖"，吸引超过 1900 万人次游客徜徉于绿水青山，走出了生态优先、绿色发展的新路子。产业培育在城市需求导向下实现优质供给。以溧阳为圆心，两小时车程内生活着 2 亿多人口，休闲、康养等新需求日益增长。作为长三角"最美净土"，溧阳与城市共享消费群体，着力发展"环境更友好、发展可持续、群众得实惠、政府有收益"的幸福经济，休闲经济、健康经济已分别占到全市经济总量的 13.6%、8.5%。乡村环境在城

乡融合进程中展现田园新貌。乡村之美，美在村落，更美在全域。溧阳首倡并获得国家发改委批复的苏皖合作示范区，联动周边各县市建立生态环境共治体系和生态安全大格局。溧阳先后关停 170 多个采石矿、砖瓦窑、石灰窑、码头等，修复 50 多个废弃矿山，让山更绿；治理 64 座水库、32 座重点塘坝，开展新一轮天目湖水源地保护行动，实施区域治污一体化工程、全域农村生活污水治理，让水更清。2011 年起，扎实推进村庄环境综合整治，所有村庄通过省级验收，建成"中国美丽乡村建设示范县"。2017 年开始，以入选省级特色田园乡村试点地区为契机，深入实施"美意田园行动"，谱写具有溧阳特色的田园牧歌。

二、把空间价值增值作为乡村振兴突破口

乡村振兴的过程，是乡村空间在县域经济价值链上不断增值的过程，需要激活土地、生态、品牌等资源，形成联动效应。溧阳以农村土地综合整理为载体，推动农业经营向规模化、集约化、专业化转变。鼓励农业合作社流转土地、山林以及闲置农房等资源投入规模经营，促进富民增收。全市已累计流转土地 23.31 万亩，惠及 17 万农户。塘马村合作社通过流转 50 亩村民闲置土地，开辟"我家自留地"，返聘村民为田园管家，村集体年创收 200 多万元。"溧阳 1 号公路"串成"金银山"。依托"四好农村路"建设，全长 365 公里的"溧阳 1 号公路"建成，串联起全市主要景区景点、文化遗存以及 220 多个乡村旅游点、62 个美丽乡村和特色田园乡村，成为网红打卡地。这条彩虹路既把游客引向诗和远方，也将沿线农副产品带进千家万户，富硒软米、两湾白芹等优质产品成为游客竞相采购的"爆款"，特色瓜果种植基地通过举办节庆活动吸引游客、提升农产品附加值。"天目湖"示范引领塑造"金招牌"。溧阳冠以"天目湖"品牌的农副产品和旅游产品有 100 余个，天目湖砂锅鱼头和天目湖白茶最具吸引力，为乡村特色产业发展打开新空间。与此同时，农旅融合潜力凸显，去年，全市仅休闲农业和乡村旅游接待游客就超过 810 万人次，实现农旅收入 37 亿元，带动 5.2 万户群众增收。

三、以解决人的问题把准乡村振兴关键点

乡村振兴的本质是促进人的发展。溧阳致力于建设"精神焕发的富美农村"，核心就是解决人的问题。农村事有人管。在充分发挥村级党组织作用的同时，溧

阳首创乡村"百姓议事堂"，探索村民参与式治理路径，做到"大事一起干、好坏一起评、事事有人管"。去年，全市"百议堂"共收集社情民意 5680 多条，化解矛盾纠纷 2340 余个。农村活有人干。吸引有眼光、有情怀、有实力的"能人"投身乡村建设。大力实施"溧商回乡创业"工程，三年落地项目 26 个、总投资 59.8 亿元，海归博士仲春明创办的"美岕树屋"享誉业界。培养懂技术、善经营的新型职业农民。回乡创业的溧阳籍大学生已达 823 名，累计培训新型职业农民 4 万余人。农村房有人住。引导激励优秀教师、医生到乡村工作，推动"微民生"特色品牌向乡村覆盖，一元制"镇村公交"在全国推广，让生活在乡村的人有更多获得感。着力加强农村困难群体保障力度，建立以低保、医保、资助、救助、保险为主体的"一揽子"兜底体系，让困难群众有更多幸福感。

（作者系江苏省常州市溧阳市人民政府市长）

乡村振兴的鄂东南张远村样本

⊙ 李昌金

地处鄂东南梁子湖畔的张远村，曾经是一个省定的贫困村。2013 年，在当地政府主导和乡建院指导下，张远村探索农村内置金融发展的新路子，创建了"中兴土地综合服务专业合作社"。通过合作社这个平台，完成了农村产权制度改革，推动了农村土地规模化经营，促进了现代农业产业的发展，同时把合作社收益的相当部分，以红包的形式发给村庄里的老人，走出了一条通过激发村庄内生动力，创建新型合作金融组织，让村庄发展既有速度又有人文关怀，既满足个体发展需要又照顾村庄集体福利，既促进农村农业现代化又让农耕文明得以保留和延续的乡村振兴新路子，引起了社会的广泛关注，成为新时代乡村振兴的一个样本。

一、梁子湖畔的贫困村

张远村地处鄂州市西南边陲的丘陵浅山区，据传有 1600 多年的建村历史。该村辖 16 个村民小组 437 户 1338 人，总面积 10945 亩，其中耕地 44047.5 亩，山地 4250 亩，养殖水面 1306 亩。村里的青壮年几乎全部外出打工或到武汉、鄂州等周边城市做点小生意。全村 1338 人，常年在外的有 1040 余人，留守在村里的多是老人和孩子。早年，这里的农民人均纯收入不足 3000 元，村集体负债 20 多万元。2008 年，湖北省将该村列为贫困村。虽然得到政府很多扶持，村"两委"一班人也想了很多办法，但始终难以摆脱贫穷落后的局面。

如何在深化农村改革的过程中探索出解决贫困的新路子？为此，梁子湖区委领导请来了从湖北走出去、长期为"三农"鼓与呼的知名人士李昌平，请他来市农村产权制度改革试点村——涂家垴镇张远村做实验。

二、创建内置金融合作社

"内置金融"是李昌平根据自己10多年实践创造的一个新词。内置金融指在土地农民集体所有和农户承包经营制度下配套建立的村社合作金融，以村社为边界，由农民主导，主权属于村社成员，为村社成员服务，收益归村社成员共享。内置金融可以较好地缓解广大农民融资难题，充分发挥农民的主体性，激活农村资源，促进农村自主发展，有效提升基层组织服务和治理能力，是以农信社、农商行等为代表的"外置金融"的很好补充。

2013年8月，乡建院乡建团队来到张远村。在当地政府的配合下，乡建团队走村串户调查村庄发展状况，了解村民现实需求，在此基础上制订了详细的创建内置金融合作社的实施方案。接着就是宣传发动，让村民充分了解创建内置金融合作社的意义和方法。梁子湖区政府为了支持张远村的改革实验，拿出100万元作为种子资金注入合作社，乡建院也拿出20万元入股合作社。有了当地政府的大力支持，又有乡建院的指导，张远村乡贤和老人加入合作社的积极性很高，大家都踊跃报名加入合作社并主动交纳入股资金。

紧接着，村里召开合作社筹建大会，讨论通过合作社章程，选举合作社理事会和监事会，理事会理事长由村党支部书记兼任，同时从理事会、监事会成员中推选5名德高望重的村"五老"社员组成资金互助管理小组，负责资金发放审批。2013年11月18日，经过两个多月的筹建，张远村"中兴土地综合服务专业合作社"（以下简称"合作社"）正式挂牌成立，合作社共有各类社员52人，累计入股资金189万元。

三、合作社助力村庄发展

合作社成立后做的第一件事是成立土地托管中心，配合政府正在开展的农村产权制度改革，通过"确权确利不确地"的方式，明晰集体资产产权，在此基础上通过土地流转信托，实现农民家庭资产的金融化。村民土地以小组连片的方式进入托管中心，每亩租金 220 元，全村有 14 个村小组的 1700 多亩土地连片进入托管中心，然后合作社申请土地平整项目，经过平整，土地面积增加到 2000 亩。目前这些土地由合作社统一租给了武汉市一家农业企业，成为有机稻生产基地，每亩租金 400 元，1800 亩旱地则由合作社统一租给一家公司建蓝莓基地，荒山也大部分承包给了村里的种植大户用于种香莲等。

合作社成立后做的第二件事是开展资金互助业务，主要是解决社员生产和经营贷款难问题。由于历史和本村资源禀赋的原因，张远村的种养殖大户和外出经商搞建筑的村民较多，但因为缺资金规模都做不大，合作社的成立为他们解决了这一难题。有了合作社的资金帮助，张远村有一批普通的"泥腿子"变成了"大老板"。合作社运行 4 年来，共借出资金 1372 万元，到 2017 年，合作社敬老社员由初期的 7 名增加到 18 名（每个乡贤出资 3 万，3 年不要分红），老年社员由初期的 25 名增加到 168 名（每个老年社员出资 0.3 万元，取得每年不低于 600 元分红资格），资金总额达到 656 万元，当年利息收入 76.8 万元，除去开支，盈利近 30 万元。

由于"熟人社会"的作用，加上合作社借款"四不原则"、土地加社员担保等措施，合作社借款风险控制得比较好，合作社借出去 1000 多万元，到目前为止没有一笔死账。从这几年的情况看，合作社每年盈利 20 万元左右，这些盈利差不多一半用来给本村老人发红包，另一半作为合作社风险金和积累。另外，从 2016 年起，村"两委"每年从合作社获得 5 万元的分红（梁子湖区政府投入合作社的 100 万元种子资金由村"两委"代持）。目前，合作社账面盈利累计 130 多万元。

四、村庄老人的盛会

张远村老人每年有一次盛会，也可以说是集体过年。笔者有幸见证了一次张远村老人的盛会。2017 年农历腊月廿四日，是南方过小年的日子，也是张远村一年一度的盛会——"中兴土地综合服务专业合作社"分红大会举办的日子。这天上午，该村 160 多位老人从四面八方汇集到村部，除了本村老人，还有在这个村挂点的鄂州市司法局领导、乡建院专家、合作社理事会监事会成员以及乡贤代表等。

分红大会上，村里的 168 位老人每人得到金额 1100 元（老社员）或 800 元（新社员）的红包，会上共发红包 16 万元。张远村这样的分红大会已开了五次，村里的老人们很喜欢过这样的集体年。

　　1000 块钱的红包，对很多人来说微不足道，但对于农村老人尤其是农村贫困老人来说，是很有分量的，无怪乎有老人感慨地说，合作社比自己的亲儿子还好！的确，在农村有多少为人子女者每年过年能固定给父母 1000 块钱的红包呢？同时，这个钱还给了老人一种指望和依靠。更大的意义则是，老人加入了合作社，在某种意义上就成了"一家人"，彼此间便少了一些隔阂和冷漠，多了一些交流和互助。老人心情好了，身体健康了，矛盾纠纷少了，干群关系和谐了，村风民风自然就好了！

　　张远村创建内置金融合作社的实验，可以说是鄂东南乡村振兴的一个样本，尽管它在很多方面还需要完善。张远村实验的启示意义在于，乡村发展不能只注重外部输入，只强调利益驱动，而忽视激发村庄的内生动力，忽视村庄道德建设，忽视农耕文明回归（如乡贤文化、孝道文化的恢复和发扬）。乡建院在张远村创建内置金融合作社的实验与习近平总书记早年在浙江倡导的"三位一体"合作社在机制上是一致的，因此这样一种实验其实就是贯彻习近平总书记"三农"思想、走中国特色社会主义乡村振兴道路的具体实践。

　　（作者单位：江西省宜黄县政协）

脱贫攻坚与乡村振兴有效衔接的湄潭县探索

⊙ 陶通艾

2019 年 10 月，农业农村部批复湄潭县农村改革试验区拓展"探索脱贫攻坚与乡村振兴有效衔接机制改革试点"试验。一年多来，湄潭县在组织、政策、产业、规划、治理、人才等方面，探索巩固拓展脱贫攻坚与乡村振兴有效衔接机制，取得了一定成效。

一、抓好组织衔接，健全领导体系

组织衔接是实现脱贫攻坚和乡村振兴有效衔接的核心。一是健全领导体系。湄潭县在 2018 年宣布退出贫困县后，以脱贫攻坚指挥体系为基础，按照"人员不换、频道不改、力度不减"原则，组建了县委农村工作暨实施乡村振兴战略领导小组，在原县、镇（街道）、村脱贫攻坚指挥部门的基础上，分别建立县、镇（街道）、村乡村振兴指挥部门，做好脱贫攻坚与乡村振兴的组织领导体制机制工作的有机结合，强化县镇村三级书记抓乡村振兴的制度责任与保障。二是建立工作机制。对脱贫攻坚中行之有效的做法进行梳理、完善和提升，将推进脱贫攻坚一整套有效的组织协调、项目统筹、资金整合等工作机制有机转化运用到乡村振兴工作中，建立县领导干部和县直单位定点联系乡村振兴制度，健全乡村振兴统筹协调机制，确保短期注重脱贫攻坚成果巩固拓展与乡村振兴一起抓，长期注重解决相对贫困问题与乡村振兴协调统筹推进。

二、抓好政策衔接，健全支持体系

政策支持是脱贫攻坚与乡村振兴衔接的落脚点。一是建立防贫监测机制。制定《湄潭县脱贫攻坚巩固提升防贫监测预警帮扶工作方案》，实现对不稳定脱贫户、高风险脱贫户、贫困边缘户等群体的动态监测，做到分类施策，确保贫困群众脱贫不返贫，防止发生新的贫困。二是提升兜底保障水平。研究出台《湄潭县城乡居民低收入家庭认定办法（试行）》，明确了低收入家庭认定的原则，家庭收入和家庭财产的核定、认定的范围及标准，认定的程序，监督管理等，将家庭成员人均收入低于当年城乡居民最低生活保障标准两倍的认定为低收入家庭，把符合条件的特殊群众全部纳入保障范围。三是拓展政策惠及范围。研究出台《湄潭县财政资金股权化改革试点指导意见》等文件，明确脱贫攻坚任务完成后，要继续加大投入，在一定期限内整合涉农资金和扶贫资金，统筹用于解决非贫困村的基础设施和公共服务建设，支持脱贫户和非贫困户联动发展产业、实现就业。脱贫攻坚期间所形成的资产由实施主体移交给村集体经营管理。财政资金股权协议存续期满后，有继续使用财政资金需求的主体，可以向资金来源部门申请股权展期，建立利益联结机制，通过政策拓展，将在脱贫攻坚中增强贫困户发展能力的政策举措，转变为能够帮助广大农户参与乡村振兴并分享乡村红利的政策安排。四是发挥金融引导协同作用。研究出台《湄潭县金融创新服务乡村振兴方案》，统筹兼顾环境、社会和经济效益，短期和中长期效益，创新开展"股权贷""设施贷""林权贷""茶园贷"业务和信贷产品，拓展金融服务乡村振兴业务，使乡村振兴战略得到有效的金融支持。

三、抓好产业衔接，健全产销体系

产业发展是支撑长效脱贫的关键，产业振兴是乡村振兴的首要任务。一是编制产业发展规划。湄潭县因地制宜编制了《湄潭县特色产业发展规划》《2019—2021农村产业革命6个特色产业发展推进工作方案》等，确立了在持续抓好茶产业发展的基础上，选择经济效益高、生产周期短的"优质稻+"、辣椒、蔬菜等产业进行季节轮作，提高农业产业的综合经济效益和土地产出率。二是发展壮大特色产业。组建了茶叶、优质稻、辣椒、果蔬、林业、生态畜牧业6个产业发展帮扶专班，由县领导领衔推进。全县29个坝区全部实行"一坝一长"的"坝长制"，

37 名县级领导分别领衔一个坝区担任"坝长",选派 105 名农业技术干部定点指导。目前已建成生态茶园 60 万亩、"优质稻 +" 14 万亩、精品水果 10 万亩、蔬菜 20 万亩、辣椒 16.5 万亩。三是提升组织化程度。邀请"土专家""田秀才"通过深入田间地头广泛开展农业技术讲习,着力构建一支有文化、懂技术、善经营、会管理的新型职业农民队伍。大力发展农民专业合作社和家庭农场,积极培育壮大龙头企业,提升小农生产经营组织化程度,通过订单农业、土地流转、入股分红、托管服务等方式,与农户建立了紧密的利益联结关系,把小农生产引入现代农业发展轨道。全县已培育农业龙头企业 92 家,农民专业合作社 545 个,家庭农场 60 家。四是做好三产融合。针对有劳动能力和就业意愿的低收入人口,整合产业发展、就业服务、技能培训、创新创业、金融支农等政策,积极发展乡村旅游、农产品加工、农业服务业等多产业、多业态,实现"种养加工一体,一二三产融合",延伸产业链,提高价值链,突出系统集成。五是精准产销对接。重点完善农业农村部定点市场、国家商务部定点出口市场——"中国茶城"的功能,发挥产区农产品销售平台作用,设立贵州遵义茶叶交易中心,拓展农民就业创业空间,促进更多农民就地就近创业就业。创新"电子商务进农村""农超对接""农校对接""直播带货"等产销对接机制,强化农产品定向直通、直供、直销。积极组织开展产销推介活动,与大型企业签订销售订单合同,同大型超市等建立稳定的生鲜农产品供应链合作伙伴关系,引导企业开展外贸出口业务,积极推动茶叶产业高质量发展。

四、抓好规划衔接,健全服务体系

科学规划是推动经济社会发展的重要前提和基础,是脱贫攻坚和乡村振兴有效衔接的重要内容。一是做好短期规划补短板。研究出台《关于实施湄潭县乡村振兴战略的意见(2018—2020)》,以补齐农业产业发展、城乡规划、重大基础设施、人居环境和污染防治、农村精神文明建设、农村社会治理、农民精神文化、财产性收入、农村现代化九大短板为目标,通过三年的努力,创建一批乡村振兴战略示范镇、示范村、示范点,形成科学有效的方法、制度框架和政策措施。二是纳入"十四五"规划。将巩固脱贫攻坚成果、乡村振兴战略纳入《湄潭县经济社会发展"十四五"规划和 2035 远景规划纲要》,把推进乡村振兴与解决乡村相对贫困问题、作为重点乡村振兴专项规划与经济和社会发展规划的制定同步安排,做到时序和内容的有机衔接。三是做好村庄规划。研究出台《关于进一步完善"一

图一表一说明"村庄规划编制管理的实施意见》，通盘考虑土地空间利用、居民点建设、人居环境整治、生态保护和历史文化传承，注重保持乡土风貌，提升乡村规划的创意设计、功能统筹、产业融合能力，引导城乡有机融合、共享发展。目前已规划建设美丽乡村示范点 216 个，全县 76 个行政村 356 个村庄完成村庄规划编制。

五、抓好治理衔接，健全治理体系

乡村治理是国家治理体系的重要组成部分，治理有效是实现乡村振兴的重要保障。一是推进民主法治创建。先后创建了两路口、龙凤村两个国家级民主法治示范村和 12 个省级、33 个市级、63 个县级民主法治示范村，形成了西河镇西坪、石家寨等独具特色的民主法治示范带。二是建设法治文化阵地。着力打造了回龙村的"法治文化广场"、龙凤村的"法治景区"、新建村的"法治和谐家园"、三联村的"法治文化一条街"、两路口村的"法治陈列室"、牛场村的"法治大院"、河江村的"法治文化村寨"等一批各具特色的法治文化阵地。三是推行"寨管家"治理模式。明确以村党支部为核心，以实施网格化管理为基础，细化治理单元，构建治理组织，明确治理内容，健全治理机制，推动村寨治理精细化、规范化，实现党的领导和村民自治有机结合，形成"小网格、微治理、大成效"共建共治共享的基层社会治理新格局。

六、抓好人才衔接，健全培育体系

经济社会发展离不开人才资源的支撑，乡村振兴对人才的要求更高、范围更广。一是抓好农村带头人队伍建设。明确将政治上可靠、致富能力强、群众基础好的青年致富带头人发展成党员和村干部，选拔、培养、储备一支德才兼备的农村基层党员干部队伍。严格落实《村党组织书记管理办法》，让扶贫"尖兵"担当"挑重任、打硬仗"角色，发挥其带头引领示范作用。挖掘"田秀才""土专家"等乡土人才，支持创办家庭工场、手工作坊、乡村车间。发挥"产业能人"作用，成为创业战场"主力军"。通过"筑巢引凤"，支持农民工、大学生、科技人员和退伍军人返乡创业，成为"生力军"。二是打造一支"带不走"的乡村振兴驻村工作队。继续实施驻村工作组、单位定点帮扶等有效做法，将原贫困村派驻的第一书记转为乡村振兴第一书记，将原脱贫攻坚驻村工作队转为乡村振兴驻村工作队，驻村队员转为乡村振兴指导员，调整充实一批科级干部担任乡村振兴指导员，实现蹲点驻村指导队伍、力量、成果有机转化。三是加大培训力度。利用多种培训方式，着力把生于农村、长在农村、热爱农村的乡土人才培养成引领农村发展的新动能，让他们在学习中提高素质，在实践中提升能力，在工作中增长才干。目前，培养村级领军人才 100 名、后备干部 294 名，培训农民 18 万人次、认定新型职业农民 1725 人。

（作者单位：贵州省湄潭县委办公室）

县级农业农村宅基地执法职责的理解

⊙ 赵印双

新《土地管理法》六十二条授权"国务院农业农村部门负责全国农村宅基地改革管理有关工作"职权，现结合宅基地执法工作实际，就县级农业农村宅基地管理职责进行如下简要解释和分析。

关于农村宅基地问题，如《河北省农村宅基地管理办法》第二条，本办法所称的农村，包括村庄和集镇；由此得出结论：新《土地管理法》六十二条授权"农业农村部门负责全国农村宅基地改革管理有关工作"的农村，在河北省是指村庄和集镇。

关于农村村民问题，主要是指村庄和集镇农村集体经济组织成员，但农村村民并不是泛指正在农村从事农业生产活动的成员，而应该是农村村民略大于农村集体经济组织成员的范围。

关于未经批准问题，主要是指农村村民住宅用地未经乡（镇）人民政府批准的行为。

关于一户一宅问题，主要是指农村集体经济组织成员初始取得宅基地使用权的规定，这一规定主要是对新申请宅基地而设立的，并不泛指因房屋继承和农村集体经济组织成员之间的转让。

因此，《土地管理法》对农业农村部门宅基地的管理职责是明确的，新《土地管理法》第七十五条、七十八条是农业农村部门宅基地执法的重要依据，对农村村民破坏种植条件、未经批准或采取欺骗手段骗取批准非法占用土地建造住宅的查处不能超越农村集体经济组织成员以外的组织和个人、更不能超越新《土地管理法》六十二条授权"国务院农业农村部门负责全国农村宅基地改革管理有关工作"职权范围。

（作者单位：河北省宽城满族自治县农业农村局）

三农论剑

缩小城乡收入差距促进农民富裕富足

⊙ 张红宇

今年中央一号文件提出，到 2025 年，脱贫攻坚成果巩固拓展，城乡居民收入差距持续缩小。党的十九届五中全会在着眼"十四五"经济社会发展的同时，展望了二〇三五远景目标，明确提出全体人民共同富裕要取得更为明显的实质性进展。要深刻认识到，促进农民增收，缩小城乡居民收入差距，是一项艰巨的长期任务，也是实现社会主义现代化必须完成的目标。

一、农民收入问题应引起高度关注

进入新世纪，特别是党的十八大以来，农民生活质量得到大幅提升。一是脱贫攻坚完美收官。二是农民收入增长在八年间实现"双超"。既跑赢经济增速，也超过城镇居民收入增速。但与此同时，我们也应注意到，相对于农业的全面升级以及农村的全面进步，农民收入是"三农"工作的短板和痛点。一是城乡居民收入差距未取得明显改观。城乡居民收入比在 1978 年为 1：2.56，到 1984 年一度缩小到 1：1.74，但 2020 年仍为 1：2.56，与 42 年前相比并未缩小，且收入差距绝对值进一步拉大，令人担忧。二是农民收入区域差距明显。2020 年农民年收入最高的上海为 34911 元，最低的甘肃为 10344 元，区域差距高达 1：3.38。广东作为经济发达地区，2020 年的城乡居民收入差距仍为 1：2.5，省内最富地区农民收入为最低地区的 3 倍，不平衡现象十分突出。

当前，提高农民收入已进入关键转型期：增收环境和动力机制正在发生调整变化，阶段性、趋势性变化特征正在积累形成，经济增速稳中趋降，农民经营性收入和工资性收入增收贡献减弱，政策调控支持难度明显加大。今后一个时期，农民增收形势更加复杂，经济增长放缓将对农民增收形成制约，其影响可能长期存在。与此同时，新型城镇化将为农民增收注入持久动力，农村深化改革、乡村振兴和城乡融合将为农民增收创造难得机遇。在复杂的增收形势与挑战面前，必须抓住农民收入这个中心问题不放松，花大力气解决城乡居民之间和农村内部不同群体之间的收入差距问题，满足全体人民对美好生活的新期待。

二、增加农民收入要成为重大战略

我们正处于"两个一百年"奋斗目标的历史交汇期，实现2035年远景目标和本世纪中叶的百年目标，增加农民收入，缩小城乡收入差距带有标志性。为此，总的思路是借鉴脱贫攻坚成功的做法，把增加农民收入特别是缩小城乡居民收入差距作为战略目标，举全党、全社会之力，满足人民的诉求，实现共同富裕要求。

1. 谋划农民增收宏观格局

着眼两个"快于"，即农民收入增长继续快于经济增长和城镇居民收入增长、脱贫地区和经济欠发达地区农民收入增速继续快于全国平均水平。在顺应新发展阶段、构建新发展格局、贯彻新发展理念中，把促进农民增收置于国家宏观发展框架下，统筹布局，紧紧依靠效率驱动和创新驱动，坚持市场化改革方向，有效发挥政府作用，持续激发农民增收内生动力，并为农民生活提供基本保障。

2. 制定农民增收战略性目标

明确新时期农民收入增长目标和城乡居民收入差距缩小目标，围绕农民收入问题制定倍增计划，特别是缩小差距的战略性目标和约束性要求。以10年为期量化、细化，设目标、明要求、探路径。比如在2030年前将城乡居民收入差距缩小到1:1.5～1:1.8，到2040年缩小到1:1.0～1:1.2。长期目标有约束性，年度目标保持足够的弹性。

3. 出台更具针对性的增收政策

一方面要在区域和人群上突出重点，聚焦低收入人群、欠发达地区以及粮食主产区等重点区域和重点群体的收入增长问题。另一方面要在政策选择上注重分类和精准。要集中物力财力，调整农业产业结构、财政支出结构、信贷投放结构等，加大对欠发达地区农村的投入力度，拓宽增收渠道；重点完善粮食主产区利益补偿机制，加大补贴力度、拓展补贴范围、提升补贴效率，调动种粮农民生产积极性，增加种粮农民收入，巩固国家粮食安全；强化粮食主产区和欠发达地区农村基础设施建设和公共服务，为农民增收营造良好环境。

4. 塑造先进典型和样板

近年来，我国不少地区致力于城乡融合发展，强化以工补农、以城带乡，构建新型城乡关系，在增加农民收入、缩小城乡居民收入差距方面取得很好的效果，涌现出大量先进经验与典型案例。省级层面，2020 年浙江省城乡居民收入之比为1∶1.96；市级层面，2019 年广东中山城乡居民收入之比为 1∶1.49，浙江嘉兴为1∶1.66，江苏苏州为 1∶1.95，四川成都为 1∶1.88，农民群众有充分的获得感、安全感和幸福感。要认真总结、推广这些地区的成功经验，为其他区域的农民增收提供参考范本。

三、相关政策建议

增加农民收入、缩小城乡收入差距是实现乡村振兴过程中的大文章。既要从战略高度认识对待，也要采取针对性措施，强化政策支持。

1. 挖掘农业农村内部增收富民潜力

一是发展富民乡村产业。将富民乡村产业视为战略性产业纳入中长期发展规划，因地制宜转变产业发展方式，完善政策支持体系，构建以财政资金撬动社会资本流向富民乡村产业的体制机制，探索建立农业农村发展用地保障机制和人才"内培外引"机制。二是延伸农业价值链、利益链。建立农产品优质优价正向激励机制，支持发展"三品一标"农产品、打造区域公用品牌，提高产品档次和附加值。发展农产品初加工和精深加工，加强农产品物流骨干网络和冷链物流体系建设。推动"互联网＋"现代农业，发展农业新型业态。推动农业全产业链改造升级，引导龙头企业与农民共建农业产业化联合体。三是大力发展农业收入保险。积极推动农业收入保险试验、开发和推广，使其尽快成为农业保险重要险种。创造农业收入保险发展基础环境，深化农产品价格形成机制改革，充分发挥市场在农产品价格形成中的决定性作用，建立科学的产量和价格监测体系，加快发展农产品期货市场。完善农业大灾风险分散机制，设立农业收入保险保费补贴专项资金，鼓励开展农业收入保险产品创新。

2. 促进农村劳动力更高质量更充分就业

一是引导外出就业。推动农村劳动力有序外出就业，加大对低收入群体转移就业支持力度。深入实施以农民工为重点的职业技能提升计划，拓宽就业创业渠道，引导农民工到新产业、新业态就业创业。健全最低工资标准调整、工资集体协商和企业薪酬调查制度，保障农民工工资按时支付。二是扩大乡村就业。统筹城乡产业布局，将城市部分劳动密集型产业向农村地区产业园转移。以县域经济发展为中心，统筹资源要素，支持农村创新创业，加快乡村经济多元化。鼓励新型劳动密集型产业发展，引导和支持沿海劳动密集型产业向中西部地区有序转移。三是创新就业领域和方式。鼓励发展家政、养老、护理等生活性服务业和手工制作等特色产业，吸纳中低技能劳动者就业。大力发展城乡社区服务，扩大劳动力市场的包容性。支持临时性、非全日制、季节性、弹性工作等形式灵活就业。

3. 优化农民财产性收入稳步提升的制度环境

一是完善农村土地管理制度。落实农村土地承包关系稳定并长久不变的政策，做好第二轮承包到期后延包工作。稳慎推进宅基地制度改革，完善盘活农民闲置宅基地和闲置农房政策。加快建设城乡统一的建设用地市场，建立同权同价、流转顺畅、收益共享的农村集体经营性建设用地入市制度。改革农村集体土地征收制度，完善对被征地农民合理、规范、多元的保障机制。全面开展农村土地整理，运用市场机制盘活乡村存量土地和低效用地。二是深化农村集体产权制度改革。以市场化改革为导向，创新农村集体经济运行机制，探索混合经营等多种实现形式，确保集体资产保值增值和农民收益。完善农村集体产权权能，赋予农民对集体资产股份的占有、收益、有偿退出及担保、继承权。三是健全农民农村财产权能。完善相关法律法规，明确农民农村财产各项权利，加强对农民财产的物权化保护。建立农村产权交易市场，完善相关具体政策。探索进城落户农民土地承包权、宅基地使用权、集体收益分配权退出转让价格形成机制，千方百计增加农民财产性收入来源和所得。

4. 完善转移性收入注重公平分配的保障机制

一是完善对农民直接补贴政策。健全以税收、社会保障、转移支付等为主要手段的再分配调节机制，加大对农民直接补贴力度。完善重要农产品生产者补贴制度，建立补贴标准动态调整机制。完善农业服务补贴政策，促进农业生产性服务业良性竞争、提质增效。统筹整合涉农资金，探索建立普惠性农民补贴长效机制。创新农业政策工具和手段，扩大"绿箱"政策实施范围和规模，加快建立新型农业支持保护政策体系。完善农业生态补偿制度，及时调整农业资源休养生息补偿标准。二是加强农民生活兜底保障。坚持在发展中保障和改善民生，各项保障措施要更加注重向农村、基层、欠发达地区倾斜，向困难群众倾斜，促进社会公平正义，让发展成果更多、更公平地惠及全体人民。健全统筹城乡、可持续的基本养老保险制度、基本医疗保险制度，建立完善城乡居民基本养老保险待遇确定和基础养老金正常调整机制，稳步提高保障水平。推动农民工失业保险扩大覆盖面、提高参保率。完善最低生活保障制度，实现城乡低保平均标准一致，做好农村社会救助兜底工作。巩固拓展脱贫攻坚成果，做好困难农民重特大疾病救助工作。完善考核机制，把促进农民增收作为重要指标，在政府绩效考核中落实相关要求。

（作者系湖南师范大学中国乡村振兴研究院专家委员、清华大学中国农村研究院副院长）

准确把握乡村治理的方向和重点

⊙ 张天佐

自古以来，郡县治，天下安；乡村治，郡县稳。乡村治理是国家治理的基石，也是国家治理的短板。乡村治理不仅关系到农业农村改革发展，更关乎党在农村的执政基础，影响着社会大局的稳定。只有加快补齐乡村治理这个短板，同步推进乡村治理现代化，才能实现国家治理体系和国家治理能力现代化这个宏伟目标。近年来，党中央、国务院对乡村治理作出了一系列重大决策部署。各地也高度重视加强乡村治理体系建设，积极探索有效的方法举措，取得了一定的成效。从各地的实践经验看，在工作中需要注意把握好方向和重点。

坚持和完善党领导乡村治理的体制机制。

党管农村工作是我党的传统，也是我们的优势。随着农村经济社会发展，当前乡村治理的范围已经拓展到农村经济、政治、文化、社会、生态文明建设等各个领域，是一项涉及面广的系统工程。因此，我们要毫不动摇地坚持和加强党对乡村治理工作的领导，确保党在乡村治理工作中始终总揽全局、协调各方，为健全乡村治理体系提供坚强有力的政治保障。要全面加强农村基层党组织和党员队伍建设，这是党在农村全部工作和保持战斗力的基础，任何时候、任何情况下都不可放松。要继承和发扬我们党联系群众的传统，把党在农村的阵地建到农民群众的心里，把政治优势转化为实际的效果。

坚持农民在乡村治理中的主体地位。

农民是乡村的主人，也应当是治理的主体，乡村治理的核心就是要突出农民群众的参与。一要尊重农民的主体地位，充分调动和发挥好广大群众的积极性、主动性，组织和引导农民群众广泛参与，让农民自己"说事、议事、主事"，做到村里的事情村民商量着办，形成民事民议、民事民办、民事民管的治理格局。二是尊重基层和农民的首创精神。40多年农村改革的伟大实践，很多重大政策都是在总结农民创造的基础上再在全国确立和推开的。在符合中央精神、遵守国家法律法规、保障农民利益的前提下，要鼓励基层和农民群众大胆创新。

坚持顺应和把握乡村发展规律。

一方面，我国的乡村经过数千年历史沉淀，有深厚的历史底蕴和文化传统，乡村治理要建立在这个基础上，不能以城市思维开展农村治理。乡村治理要补齐的是农村的治理短板，并不是要消灭农村的生活模式、传统习俗乃至生存方式。另一方面，我们也要深刻认识到，当前我国农村正处在社会结构深刻变动、利益格局深刻调整、农民思想观念深刻变化的过程中，人们的利益关系更加复杂，对民主、法治、公平、正义、安全、环境等方面有了更高的要求，对获得感、幸福感、安全感有了更高的期待。同时，以互联网为代表的现代信息技术日新月异，深刻地改变着人们的生产生活方式，我们必须顺应历史发展变化的大趋势、大逻辑，深入分析乡村治理面临的新机遇、新挑战，正确处理好历史与当今、传统与现代、老办法与现代技术手段的关系，准确把握前进方向、顺应历史发展规律，与时俱进地探索乡村治理的有效实现形式。

坚持自治、法治、德治相结合。

健全自治、法治、德治相结合的乡村治理体系是中央根据我国农村社会治理的基本制度安排和特点提出的，自治、法治、德治相结合是一个整体。要以自治增活力。鼓励把群众能够自己办的事交给群众，把社会组织能办的事交给社会组织，把市场能做的事交给市场，打造人人有责、人人尽责的基层社会治理共同体。要以法治强保障，更好地运用法治思维和法治方式谋划思路、构筑底线、定分止争，营造办事依法、遇事找法、解决问题用法、化解矛盾靠法的良好氛围。要以德治扬正气，强化道德教化，提升农民的道德素养，厚植乡村治理的道德底蕴，深入挖掘熟人社会中的道德力量，增强乡村发展的软实力。同时，要积极探索"三治"

结合的有效实现形式。最重要的是在具体操作过程中，综合运用自治、法治、德治等治理方式，发挥乘数效应。

坚持聚焦突出问题。

乡村治理必须坚持问题导向、目标导向，重点围绕乡村治理中的难点、痛点、堵点问题，针对农民群众的操心事、烦心事，研究破解问题的办法。从一些地方成功的实践看，往往从问题突出的小切口切入，在有效解决这类"小问题"的同时，农村很多其他问题也迎刃而解。比如，针对农村小微权力监督问题，浙江宁海推行小微权力36条，安徽天长推行积分加清单制，这不但规范和约束了小微权力，而且改善了干群关系，推进了民主政治建设，增强了农民参与治理的积极性和主动性，推动了乡村治理总体水平提高。针对民意反映不充分、矛盾纠纷化解难的问题，浙江象山建立了"村民说事"制度，经过10多年的推行，从农民最初的说纠纷、说抱怨到现在的说发展、说建设、说理念，内容不断革新，成为乡村治理的主要抓手。

坚持治理重心下沉。

乡镇是我国政权的最后一级，村是乡镇政权的延伸，它们处在农村工作的一线，上级部署的各项任务、提供的公共服务，绝大多数要靠乡镇和村来落地。农民群众和政府、党员干部打交道，主要是在乡镇、村。农民群众对党在农村政策的感受，也主要来源于乡镇、村所提供的服务水平。当前，乡村公共服务和管理的整体水平仍然不高，服务内容和权利责任有待细化，服务方式和管理机制还不完善，成为乡村治理的突出短板。要推动治理重心向基层下移、干部力量向基层充实、财政投入向基层倾斜、治理资源向基层下沉，切实提高基层的治理能力。与此同时，还要探索三个方面的问题。一是建立县乡联动机制。从目前的法律规定和权能配置看，行业管理、资源配置、执法监督乃至人权、财权等更多地集中在县区级，而事权更多地放到了乡镇，对乡镇的赋权赋能不够，手段、条件、队伍较弱，造成农村许多事项"管得了的看不见，看得见的管不了"。要探索县直部门与乡镇（街道）的联动机制，增强乡镇统筹协调和治理能力。二是规范村级组织工作事务。要充分考虑基层工作实际，清理整顿村级组织承担的行政事务多、各种检查评比事项多等问题，切实减轻村级组织负担，使其集中精力解决村内事务。三是要持续推进"放管服"改革和"最多跑一次"改革向基层延伸，探索健全基层服务一体化平台，加大农村综合服务设施建设，真正做到为农民多办事，让农民少跑腿。

坚持丰富村民议事协商形式。

村民议事协商是村民自治的基本形式，也是化解农村社会矛盾、激发乡村发展内生活力的重要方式。面对农村的现实情况，要探索创新民主协商的形式。一要创新议事协商形式。各地推行民情恳谈会、事务协调会、工作听证会、成效评议等制度，农民和相关主体不仅能参与村里事务，还可以参与乡镇、市里事务的协商，发表自己的意见。村民除了有了参与的渠道之外，更重要的是说了要有用、有结果、有反馈。二要拓宽议事协商范围。让村民议事覆盖矛盾纠纷、经济决策、开展移风易俗、人居环境整治、维护公共秩序等方方面面，通过村民参与议事讨论、汇集智慧、达成共识，共建共治共享。三要搭建多方主体参与的平台。现在农村社会结构变化很大，中西部走出去的多，东部外来人口多，新型农业经营主体、各类组织也发展很快，利益诉求、价值观念差异很大，需要为本地村民、外来居民、企业和社会组织等交流互动、议事协商、民主管理搭建平台。

坚持创新现代乡村治理手段。

现代信息技术带来的共享理念和互联网思维正在重塑基层社会生态，正在有效地激活个体的主动性，增强社会多元主体的有机组合。我们要充分利用现代信息技术推进治理方式和治理手段的转变，探索建立"互联网+"治理模式，推进各部门信息资源的整合共享，提升乡村治理的智能化、信息化、精准化、高效化水平。目前一些大公司建立了很好的平台，要注重支持引导和利用好社会资源。

（作者系湖南师范大学中国乡村振兴研究院专家委员、农业农村部农村合作经济指导司司长）

合村并居的真正动机并不是为了农村发展

⊙ 刘守英

　　现在，整个乡村不仅在变，而且是处于剧烈和复杂的结构性变动中，大量农民"离土出村"。尤其是，现在出现了"农二代"乃至"农三代"，他们和村庄的关系非常疏离，在农村往往也没有安置住宅。人在变，人的代际关系在变，人、村庄和宅基地之间的关系也在变。

　　一方面，农民的生活方式在城市化，农民进城，就在城里买房了，居住方式一改变，农村的住宅就得不到很好的修缮，变得凋敝破败。另一方面，农村的生产方式也在变，劳动力的需求在下降，这就导致村庄和耕地的距离在客观上就变远了。所以，村落的含义和功能在变化，连同原来的布局、结构和形态也在变化。相应地，宅基地的功能和配置方式自然也在变化。在如此复杂和巨变的大环境中，如何进一步变革宅基地的相关制度，这恰恰是政策的难点。问题的核心在于，怎样在整个中国城乡的变动中，找到合适的解决路径。

　　现在有不少地方在"乱动"，比如宅基地私下买卖，农村很多人滥占耕地，建起超豪华的别墅，但又有很多农户根本没有宅基地来盖房子。大量乡村是土地浪费和空心状态并存，乡村聚落极其不景气。目前在变动中，我们面临的最大政策问题是什么呢？就是在农民和土地都已经发生重大变化的情况下，盲目用行政力量推动解决乡村问题。如果用运动式的方法，简单地规定要在多长时间内合并成多少个村子，这是肯定会出问题的。原因在于，一方面，宅基地和村庄的功能是客观存在的，行政力量不能强制抹去宅基地和村庄的基本功能。另一方面，村庄之间的边界是无法模糊的。比方说，各个村子都有独特的族群与文化，土地的多少也不同，这些既有的制度性和非制度性的东西是不能被强制改造的。

目前在乡村治理中，有一些地方政府为了解决宅基地闲置问题，推进合村并居运动，引起农民的强烈不满。错误的根源就是对问题复杂性的认知不够。这场运动，威胁到了农民"住"的权利。衣食住行，这是农村生活最根本的权利，农民当然会不满意。这本质上是在用"乡村振兴"的名义来推动乡村归并，用行政的力量来代替基于传统的配置力量。而合村并居的真正动机并不是为了农村发展，而是为了城市发展，这就更加剧了城市对农村的破坏。

实际上，乡村振兴并不是一个简单的政策，它涉及到经济社会的方方面面。要注意政策的制定和施行不能过于简单，不能让乡村振兴跑偏了。乡村振兴中最忌讳的就是靠单一的行政力量推进各种运动。这会导致很大程度的混乱。总体来看，目前，"乱动"与"不动"并存。但是，不求变也不行。不求变，或者单单依靠行政力量介入其中，都会出现问题。在变动时，一定要非常小心谨慎。未来的乡村依然是有各种功能的。比如，乡村是一种生活方式，它不仅是"农一代"落叶归根的地方，也是现在的"农二代""农三代"偶尔回来寄托乡愁的地方。

在我看来，未来的乡村肯定不再是以农业环境为主的单一村落，它应该转向一种适度聚居的、满足各类新需求的新村落。但是，这一定是一个慢变的、渐进的过程。这就要求我们，一定是根据发展出现的新需求来对乡村进行功能定位，进而进行制度设计，而不能简单地做一些行政规定。

（作者系中国人民大学经济学院院长）

期待文化在乡村振兴中全线出击

⊙ 孙若风

乡村振兴在希望的田野激荡，文化力量脱颖而出，成为引人瞩目的中坚和精锐。文化行业，已经成为越来越多乡村建设的亮点和"爆款"。一个时期以来，文化在乡村建设中的地位，呈现出跃升的姿态，由台后走到台前，由边缘走到中心，由附庸蔚为大国，由冷门变成了热门。我们有幸见证了文化在乡村的一场逆袭。

尽管如此，还是期待，乡村文化不只是在文化领域指点江山，激扬文字，而且能在相关领域纵横捭阖，全面发力；不是凭一腔孤勇单兵突进，而是在与其他方面力量的协调、互动中，在旌旗相望、鼓角相闻的策应中推进，如风过而草偃。乡村文化振兴不能做小了格局，应该发挥文化的渗透力量向外拓进，不断破圈，为相关领域赋能添彩，并以此实现自身的突破与超越。

"看得见山、望得见水、记得住乡愁"，道出了乡村文化与乡村山水、乡村生产生活血肉相联、荣损与共的关系。乡村文化成为乡村振兴中经纬天地的如椽之笔，当然在于它的精神动力作用和智力支撑作用，但又不仅限于此。乡村文化所具有的综合性功能，也是它在乡村振兴中异军突起的重要原因。曾几何时，文化部门在呼吁重视乡村文化时还有一个口号，叫做"再穷不能穷脑袋"，或者是"要富口袋先要富脑袋"，强调文化的精神动力作用和智力保障作用。这种作用在今天乡村振兴中仍然十分重要，而且要摆在首位，但是，从这些提法里也可以看得出来，当时对文化作用的认识还是有些单一。

特别是当时讲的文化，主要是灌入式的，而不是现在的内生性与外部性相结合。对文化与乡村自然生态的关系，对文化要素成为生产要素、文化资源成为生产资源，等等，还没有现在的认识。乡村文化新认识的形成，是因为自然生态与文化生态关系越来越深入人心，是因为乡村文化产业、旅游业获得发展，是因为中华优秀传统文化回归，乡村文化地位得到提升，更是因为"文化自信"已经成为全党全社会的自觉意识和行动，而"文化自信是更基础、更广泛、更深厚的自信，是更基本、更深沉、更持久的力量"。

乡村文化如能在乡村振兴中全面发力，将为我们提供一个观察当今中国社会的文化自信。真自信者自带光芒，自带能量。在社会主义市场经济体制下，文化自信可以表现为：自信中国特色社会主义文化可以为中国经济社会发展提供丰富性、立体性的精神支撑，自信中华优秀传统文化作为优质资源创造的产品可以实现社会效益与经济效益的统一，自信乡村文化可以在乡村振兴全局中得到多维度的响应、支持、参与。

历史上中国乡村文化的演变，与乡村的文化要求、审美理想的变化分不开，更与乡村的物质生产发展、社会生活中人与人的关系和人与自然的变化分不开。这构成了一个个乡村文化发展的基本线索，构成了乡村精神谱系的重要价值。历史上的乡村文化，就是一代代农民在当地的天地山水之间、在农事劳作和日常生活之中，日积月累形成的共同价值取向、行为规范、交往方式以及种种风土人情和文学艺术。这种乡村文化又反过来影响着生于斯、长于斯、死于斯的村民，并在与时推移中一次次重塑乡村生产生活。因此，乡村生产生活的各种演变都与文化息息相关，都打上了文化烙印。如同土地被撂荒，乡村文化也被撂荒，土地被复耕，乡村文化也被复耕。

今天对文化提出综合性要求，形成新形势下乡村文化与乡村整体发展相融合的理想模型和动力系统，一方面是对文化作用认识的深化，一方面是对乡村振兴认识的深化。只有对乡村振兴提出了产业振兴、人才振兴、文化振兴、生态振兴、组织振兴五大任务，文化才能既把握自己的振兴目标，同时明确与其他振兴任务的关系，有所交织、有所配合、有所融合。五大振兴之间本是声气相通、彼此呼应的。而文化，更因其特殊功能，在乡村振兴中出纵入横。这是乡村文化新的变阵。

——对产业振兴的作用。乡村振兴的首要目标是要发展现代乡村产业。近年来迅速崛起的乡村文化产业，在发挥"育民""乐民"作用的同时，还展现出"富民"功能，也就是说，文化不仅可以"富脑袋"，也可以"富口袋"。乡村旅游业也是这样的产业，发展势头强劲而迅猛，而且，越是在欠发达地区，作用越明显，化不利因素为有利因素，利用独特的旅游资源，在扶贫攻坚中一战成名。文化和旅游融合后，乡村文化产业在乡村振兴中的作用，普遍被社会看好。

新近出台的国家《乡村振兴促进法》提出要有计划地建设特色鲜明、优势突出的农耕文化展示区、文化产业特色村落，发展乡村特色文化产业，推动乡村地区传统工艺振兴，活跃繁荣农村文化市场。还提出要坚持因地制宜、循序渐进，根据乡村的历史文化、发展现状、区位条件、资源禀赋、产业基础、演变趋势等，规划先行、注重特色、分类实施、有序推进。

在文化和旅游充分融合的今天，二者一起成为振兴乡村的抓手。《乡村振兴促进法》提出，各级人民政府应当支持特色农业、休闲农业、现代农产品加工业、乡村手工业、绿色建材、乡村旅游、康养和乡村物流、电子商务等乡村产业的发展。鼓励工商资本到乡村发展与农民利益联结型项目，鼓励城市居民到乡村旅游、休闲度假、养生养老等。

对乡村产业振兴贡献最大的还不是文化和旅游自身，而是它们对相关产业的带动作用，在于催生新业态。尤其是带动当地农产品销售，其经济效益远远超过文化产业和旅游业，比如一些乡村出现的旅游民宿，游客到此，出现"吃光（特色饮食）、住光（民宿）、买光（当地农产品）"的"三光"现象，明显带动当地农产品销售。

即便是一些艺术家、设计师进入乡村，也懂得要参与当地产业发展。他们是带着情怀、带着艺术理想来的，但是，他们的共识是，必须把理想落实在乡村产业上，最终带动乡村发展。他们有的采取分步走的方法，先激活乡村艺术，再激活乡村产业；有的乡村创客说任何只讲情怀、不讲效益的做法都是耍流氓，先把自己变成一个赚钱的企业，接着变成一个能让乡亲赚钱的企业。

——对人才振兴的作用。在乡村振兴中，人才振兴受到各方面重视，《乡村振兴促进法》专门提出："鼓励培育乡村文化骨干力量，加强乡村文化人才队伍建设。"本土人才是建设乡村文化的主体力量。自古以来，乡村文化靠的是本土人才的传承与创新。这方面人才，包括非物质文化遗产传承人才，也包括其他与乡土文化有关的人才，比如组织、经营人才，当地文化活动的牵头人或骨干，还有类似于经纪人的市场角色，等等，他们是乡村文化一代又一代延续下来的乡土文化领袖。近年来，各级文化和旅游部门注意发现、培养这方面的人才，文化和旅游部还评定了一批乡村文化和旅游能人。越来越多的年轻人回乡创业，从事文化产业和旅游业的比重很大。文化和旅游业创业门槛低、产业链长等优势，给了他们施展身手的机会。

　　除了本地农民，外部力量积极介入乡村文化，也是常见的现象。这中间最突出的是回归乡贤。在当前的乡村文化发展中，参与者、建设者的主体结构发生了积极变化。除了村民和乡贤，还包括新农人、设计师、艺术家、乡村文化产业发展的企业家和参与乡村公益性文化事业的社会组织。乡村艺术发展需要积极的外部力量加入。

　　越来越多的艺术家、设计师把眼光投向乡村，参与到艺术介入乡村中来。这种村落再生实践，是出于艺术的敏锐，也是出于对乡村艺术的向往，他们会真诚地向乡村艺术家和传承人学习，尊重生活在乡村里的居民，有想法会和他们商量，寻找最佳的艺术解决方案，小心翼翼地还原乡村应有的面貌，保护乡村艺术的生命力。事实证明，真正的艺术家、设计师凭借其职业敏感和专业素养，更能辨识当地的生活之美和艺术之美，并且把它们提炼和呈现出来，帮助当地居民更好地发掘乡村艺术积淀，呈现乃至于重塑乡村艺术之美。

　　乡村艺术的希望，在于解决好乡村的内源性力量与艺术界前沿力量的关系。用艺术拯救衰败的村落，在日本等国家已经有成功实验。本世纪初以来，我国的艺术界也表现出主动走向公共的积极变化，"艺术介入乡村"作为一种潮流方兴未艾，开放的乡村欢迎这种力量。

　　最重要的还是让农民参与，让农民动手，让农民成为创造主体。乡村艺术是这里百姓世世代代的创造，是乡村的公共财富，公共文化服务理应承担起传承、弘扬的责任。要尽可能把传承乡村艺术列入公共文化服务的内容，创造性地把乡村艺术融入当地居民的文化活动。比如有些地方尝试把传统表演艺术的音乐、动作融入广场舞，取得了积极效果。这种创新需要给予更多的关注和支持。

　　——对生态振兴的作用。生态保护与乡村文化互为因果、互为手段、互为目的。青山绿水是乡村文化的摇篮。看得见山，望得见水，记得住乡愁，青山绿水是乡村第一特征，也是乡愁的载体。从"天人合一"哲学思想出发，人作为自然之子，与生态有着密不可分的关系，表现在乡村文化上更加突出。作为一个农耕文明的代表性国家，千百年来对生态的依附性更强，也给我们的传统文化、特别是乡村文化打上了鲜明的烙印。因此，乡村文化与乡村生态唇齿相依。而且，文化产业和旅游业，总体上说都是绿色产业，在乡村如果发展产业，这两个产业应该是最有利于生态保护的业态。绿水青山也是金山银山，这种转换，有相当一部分是通过文化产业、乡村旅游来实现的。

文旅以让生态更美好，已经成为社会共识，有的乡村经营者甚至说，我们不是在搞乡村开发，而是在进行持续的"生态研究"。这种话听起来似乎有些矫情，但可以看出他们是真诚地把生态当作文旅的资源与根本。对乡村建筑也注意到要与周边的自然生态相协调，与乡村应有的绿水青山、大地田园相协调，实现传统与现代的融合。比如，一些做乡村民宿的，在建筑取材上尽可能取自当地，并且可再生、再利用，比如回收原有建筑砖石、瓦片、木料、节能门窗。乡村闲置房屋是民宿设计建造的基础，尽可能因地制宜，依山就水，依据当地的地理环境、气候环境等客观因素来保持建筑的基本架构和村落环境，并考虑信仰文化、生活方式等人为因素保留传统技术的工艺性，与当地自然环境和人文风貌相融合，让当地工匠施展身手，促进工匠复兴。

——对组织振兴的作用。要发挥文化在乡村振兴中的作用，乡村的基层组织作用十分重要：

一是把握方向。要带头认识到文化在乡村振兴中的重要作用，以充分的文化自觉，开展乡村文化建设。要把明确为党和政府责任的文化任务，特别是文化事业部分承担起来，比如公共文化、体育服务、农民艺术创作、非物质文化遗产保护，等等。同时，从当地实际出发，促进本土文化产业和旅游业的发展，或者是以文化和旅游为主打，或者是把文化和旅游的元素融入相关行业规划之中。

二是做好协调。在发展乡村文化和旅游中，涉及多方面的工作，需要合理摆布；牵动多方面的利益，需要合理处置；兼顾相关方的具体利益和当地文化发展的长远利益，既要有原则性也要有灵活性。

三是要善于管理。在推动当地文旅产业时，要尊重社会主义市场经济规律，该发挥基层组织作用的要有担当，该交给市场的要交给市场，不可越俎代庖。从当前乡村实际出发，即便是要交给市场的，基层组织也要多操心，多出谋划策，毕竟乡村的市场环境和各方的市场能力，与城市比有较大差距。要发挥行业组织作用，想办法把村民组织起来，增强应对市场的能力和抗风险的能力。尊重文化和旅游发展规律，比如说，文化发展是一个渐进的过程，乡村旅游业也要量体裁衣，都不能急于求成。

文化事业是民生事业，文化工程是民心工程，乡村组织把乡村文明建设和公共文化服务的职责担起来，给农民群众带来文化上的实惠，就能赢得百姓的支持，增强基层组织的凝聚力。文化工程也是富民工程，是绿色产业和朝阳产业，在乡村振兴中发挥文化在产业发展、人才培养、生态保护等方面的综合作用，体现基层组织的战斗力。

要全方位发挥乡村文化在乡村振兴中的作用，应该在以下三个方面有所加强：

首先，增强理念。这是一个文化的时代，文化处处表现为一个国家、一个民族、一个区域乃至于一个乡村的凝聚力、创造力和竞争力，全社会更加关注文化发展，关注文化给时代、给人民大众带来的获得感和幸福感。这也是一个文化自信的时代，更加自信于文化的作用，自信于中华优秀传统文化，自信于构成中华优秀文化传统的乡土文化。因此，应该在振兴乡村的具体工作中，强化文化的战略维度，从本地实际出发，充分发挥文化的作用。

其次，掌握方法。乡村文化工作，除了文化振兴方面的任务，它在其他四个振兴方向发挥作用的方式，主要是融入。"宜融则融，能融尽融"是文化和旅游融合时提出的原则，实际上，这一原则也可以作为乡村文化融入乡村振兴全局的借鉴。如果能够融入，则能让文化振兴与其他几方面振兴相互赋能，相互强化。特别是在产业融合上，一个时期以来，创意经济成为世界性的潮流，创意制胜成为屡试不爽的法宝。顺应并推动这一趋势，国务院于2014年出台了《关于推动文化创意和设计服务与相关产业融合发展的若干意见》，取得了突破性的成功，也深化了全社会对于文化融合能力、融合方式、融合规律的认识，文化产业、旅游业都是黏合性强的产业，在打造乡村现代产业体系方面一定会有更大的作为。

最后，形成机制。各地只要把文化振兴作为乡村振兴的硬任务来对待，乡村文化自然就能够发挥对各种振兴的促进作用，乡村文化有这个自信。只是期待在实践中，各地能把乡村文化的"全面发力"，由自发行为变成自觉行为。基层文化工作者也应主动作为。曾几何时，我们还在呼吁基层文化专干应该"专干"而不能"杂干"。如今，如果说基层文化专干基本上是成天忙于其他事务而无暇顾及文化本职工作，这种"杂干"当然是要避免的。但是，如果是推动文化融入其他方面的工作，把文化嫁接到其他工作的枝干上，这样的"杂干"应该是被给予充分鼓励的。进一步说，这也是基层文化工作者份内的任务。

自古以来中国美学的主流是生活美学。在乡村文化发展中，一代代乡里乡亲用融合的方法，把他们的文化融入在生产、生活、生态之中，创造出了独具风采的本土文化，成了自己这方土地的天赋异禀。这造就了今天的非物质文化遗产、特色文化产业和特色旅游，也造就了农业部门所推动的"一村一品"。《庄子》有言："天地有大美则不言，四时有明法而不议，万物有成理而不说。"庄子应该也是从某个乡村走出来的人物吧，他的这番有关哲学理念的最高表达似乎在讲乡村文化。乡村文化在乡村振兴中全面发力，渗入乡村发展的各个领域，实际上是受教于中国传统生活美学和乡村文化创造。文化融入乡村振兴全局，将使得未来的乡村及乡土中国，经络贯通、气韵生动。

果能如此，那么历史将证明，我们正处在中国乡村发展的经典时刻。

（作者系文化和旅游部科技教育司原司长）

不要以城市治理的思维搞乡村治理改革

⊙ 张孝德

党的十九大提出自治、法治与德治三位一体的乡村治理模式，是符合中国乡村社会特点的重大决策。乡村治理是乡村振兴的大前提。如何将中央提出的三位一体的乡村治理落地实施，最重要的反思与改进，就是我们不以城市治理思维来设计和推进乡村治理。

一、城市与乡村，两种不同的社会模式

对乡村治理的反思，值得讨论的一个问题是要明确乡村作为一个熟人社会的特点和大前提，不能简单引入外来制度，使乡村食洋不化，陷入治理的困境。长期以来，一些基层治理者基本是以治理城市的思维来治理乡村。在这种思维的背后有一个潜在的前提：乡村是愚昧、落后的，需要引入先进的现代化治理制度。其实，所谓先进的现代化治理思想和制度，主要是来自西方城市的治理思想和制度。

要搞清楚乡村需要什么样的治理思想和模式，必须先搞明白乡村与城市是属于两种不同的社会模式：乡村是熟人社会，城市是生人社会。在一个相对封闭的以亲情关系为纽带的乡村社会，人与人的关系是一种高度透明的熟人关系。乡村熟人社会遵循的伦理逻辑是人之初、性本善。为什么中国儒家主张人之初、性本善，这不是儒家的创造发明，而是乡村熟人社会的必然逻辑。一个在乡村出生的孩子，从过满月到周岁，给孩子

的教育，就是让他知道自己是生活在一个互爱互利的亲情社会中。一个村就是一个大家庭，乡村的孩子是可以吃百家饭长大的。在这样一个信息高度透明的熟人社会中，形成的是崇尚道德教化，辅助于村规民约的法制治理模式。在一个熟人社会，谁能成为乡村治理者，不需要竞争投票来决定，而是由有威望的长者与村民协商推荐有德、有能的乡贤来治理。

与乡村恰恰相反，城市是一个开放的、人口流动的生人社会，在这样一个社会中，形成的伦理逻辑是人性本恶。在城市，我们不能以乡村教育的方式，来教育城市的孩子，告诉孩子可以吃百家饭。而是要告诫孩子不要吃陌生人给的糖，不要跟陌生人讲话。因为城市是生人社会，必须以人性本恶的逻辑来教育孩子。由此就可以理解，西方哲学家奥古斯丁、霍布斯等人都认为人在胚胎中就有罪恶，人的一切行为都是为了个人私利。其实西方哲学家的观点，就像中国儒家思想一样，不是他们个人创造，而是对西方社会关系的描述。在一个认为人性本恶的社会中，调节人的关系，最好的办法是通过法制，在惩恶扬善中实现社会有序化。在一个个人信息不透明的生人社会中选拔管理者，最好的办法不是推荐制，而是投票选举制。这也是为什么从古希腊、古罗马开始，就实行了以法制为主的民主选举制，而古代的中国乡村形成了完善的以德治为主的协商推荐制。这不能简单认为是先进与落后的关系，而是由于古希腊、古罗马属于生人关系的城邦社会，而中国乡村属于熟人社会。

二、走出误区，重新认识熟人社会的中国乡村

基于熟人社会和生人社会的原理，可以发现人类社会没有一个唯一的普世治理模式。长期以来，我们形成了一种误区，认为源于古希腊的西方民主制，一开始就是先进，而源于中国的熟人社会的治理，被认为是愚昧落后的。我们一些人也错误地认为，只有西方法制社会才是实现民主、公平正义的唯一途径。其实建立一个公平、公正、正义有序的社会，是人类文明共同追求的目标，就像人类追求幸福一样。但是迈向公平、公正和正义有序的社会，不是只有一条道路。不同的社会关系模式，应该有不同的治理模式。

改革开放以来，中国乡村社会发生了根本的变化，乡村社会已经不是原来的自给自足的封闭社会。在新的背景下，适应乡村社会的开放性和流动性特点，需要导入适应生人社会的法制与民主治理。但我们也必须清楚，无论乡村社会发生

了什么变化，乡村熟人社会的基本特点没有变化。由此决定了乡村社会治理，必须立足在熟人社会特点的基础上，也要走出一条适应现代开放性要求，迈向新时代乡村社会的治理之路。

党的十九大提出的自治、法治与德治三位一体的乡村治理模式，就是对新时代乡村治理的重大定位。这个定位充分说明，新时代的乡村治理，必须走一条复合的自治之路。乡村像麻雀一样，虽小却五脏俱全。乡村是一个浓缩的微社会。中国作为以乡村文明为根基的国家，解决好乡村治理模式，是国家长治久安的重要内容。长期以来，我们对乡村社会治理认识的最大不足，就是以单一的治理思维解决乡村问题。现代乡村是一个集熟人社会与现代开放生活、经济与生活、历史与文化的复合体。由此决定了乡村治理模式，不能简单照搬城市治理，应建立立足于传统熟人社会、适应现代社会发展需要的复合治理体系。

三、探索迈向新时代的乡村复合治理之路

根据目前各地乡村治理的经验和模式，探索自治、法治、德治的复合治理是新时代乡村治理改革的方向。复合治理应包括五个方面的内容。

1. 德治教化治理是灵魂

德治的教化是乡村治理的灵魂，也是乡村长治久安的原动力。中国古代推崇的"建国君民，教学为先"的治国之道，实施的主阵地就是乡村。在新时代的背景下，如何将中国传统优秀文化与社会主义核心价值观相合，是乡村德治教育探索的新方向。

2. 党的领导和乡贤治理是核心

乡绅是古代社会治理的中坚力量，在当今社会主义的乡村，共产党员是乡村治理的中坚力量。迈向新时代的乡村治理，要重新认识共产党员与新乡贤的关系。在新时代背景下，乡贤正被赋予新的内涵，是乡村党的领导的重要民间力量，是当下乡村社会治理的重要资源。

3. 民主自治是根本

实现民主、公平与正义，是乡村治理的目标，也是几千年古代乡村社会治理

的目标，更是新时代社会主义乡村的本质要求。探索适应熟人社会的有效的民主管理、公开公正管理、公共事物管理是乡村治理的难题，也是迫切需要解决的问题。

4. 乡村法制是保障

乡村是中国法治薄弱环节。乡村与现代社会的联系，决定了乡村必须搞法治建设。特别是乡村经济发展，如果没有现代的法治意识，乡村经济无法与现代市场经济接轨。未来的乡村将是城市来的新村民与农村的老村民共同居住生活的地方，如果缺乏现代法治保障，乡村将无法容纳多样化的外来人口。未来的乡村是一个人口多元化的乡村，生人要素对乡村的注入，也需要乡村置入与此相匹配的法治治理文化。

5. 家教传承是基础

家庭是社会的细胞，耕读传家、修身齐家是千年乡村社会的优秀传统。党的十八大以来，习近平总书记高度重视家风家教在国家治理中的作用。如何做好乡村家风家教工作是乡村治理的基础性内容。

［作者系湖南师范大学中国乡村振兴研究院专家委员，中央党校（国家行政学院）社会和生态文明部教授］

促进脱贫攻坚和乡村振兴有机衔接

⊙ 秦国文

脱贫攻坚是乡村振兴的基础和前提，乡村振兴是脱贫攻坚的延续和提升。要做好脱贫攻坚与乡村振兴的衔接，对摘帽后的贫困县要通过实施乡村振兴战略巩固发展成果，接续推动经济社会发展和群众生活改善。

一、聚焦精准精细，在理念方法上做到有机衔接

脱贫攻坚中的理论成果和实践经验极其宝贵，在实施乡村振兴战略中应当借鉴运用。工作理念上，进一步强化精准理念，在乡村振兴中充分体现文化、资源、条件、基础等方面差异，产业发展要精准定位、一县一特，乡村建设要精心规划、因地制宜，资金投入要精确制导、避免漫灌，农村事务要精细管理、改革创新，确保精准施策、精准发力。工作思路上，把巩固脱贫成果、防止返贫摆在更加重要的位置，将帮扶重心转移到非贫困地区的贫困人口、相对贫困人口和落后地区，着力解决好边缘贫困人口生活困难问题。从不同地区的实际出发，明确不同村庄、不同阶段乡村振兴的发展要求和具体目标，既不能降低标准，也不能吊高胃口。工作方法上，继续坚持"五级书记"抓乡村振兴，借鉴脱贫攻坚"三落实"的做法，层层压实责任，引导广大干部投身农村大舞台，推动乡村振兴战略落实落地。要建立健全贫困户动态监测机制，动态掌握农户家庭出现的突发性困难和问题，及时掌握和防止对象致贫返贫。

二、防止福利陷阱，在政策设计上做到有机衔接

脱贫攻坚主要是消灭绝对贫困，乡村振兴主要是解决相对贫困。要把握解决阶段性的绝对贫困与长期性的相对贫困的联系与区别，把握相对贫困与临时困难的联系与区别，科学做好顶层设计，明确乡村振兴的发展方向和政策导向，使政策体现针对性、有效性、长期性。完善政策体系。建立健全稳定脱贫长效机制，脱贫摘帽后，对相关扶贫政策和帮扶措施进行清理，该保持的保持，该调整的调整。进一步完善乡村振兴"四梁八柱"的政策体系，在产业发展、重大基础设施建设、农村人居环境整治、生态修复治理等方面优先向相对贫困地区倾斜，促进各地区均衡发展。科学编制规划。把脱贫攻坚作为实施乡村振兴战略的阶段性任务，纳入乡村振兴规划，推动经济社会发展规划、城乡建设规划、土地利用规划和生态环保规划"四规合一"，保持规划的一致性、连续性、可行性。按照"群众参与、经济适用、简便易行、通俗易懂、多规合一"原则，加快推进村庄规划编制。着力深化改革。要持续加大农村综合改革力度，尤其是农村土地制度、集体产权制度、农村土地"三权"分置制度等改革事项，力争全面完成农村集体资产清产核资工作，基本完成集体成员身份确认主体任务。

三、瞄准城乡均等，在基本公共服务上做到有机衔接

围绕农民群众最关心、最直接、最现实的利益问题，不断提升农村基础设施和基本公共服务水平，体现共享性、平等性。加强基础设施建设。加大落后地区基础设施补短板力度，推进乡村农田、公路、供水、供电、网络等基础设施提档升级。开展示范县、示范乡镇美丽农村公路建设试点，完善农村客运网络体系，打通农村公路的"最后一公里"，逐步改善农村生产生活条件。健全公共文化服务体系。统筹推进城乡公共服务均等化，加大对相对贫困地区教育、医疗卫生、体育和公共文化、社会保障等经费的倾斜力度，抓好村级综合服务中心"软件"提升，为农村发展、农民生活提供更加全面、更加优质的保障。改善农村人居环境。打好乡村振兴战略首场战役，以创建美丽乡村为抓手，突出农村"厕所革命"、生活垃圾处理、污水治理、农业废弃物资源化利用、村容村貌提升等重点，全面改善农村人居环境。

四、增强可持续性，在发展产业扩大就业上做到有机衔接

防止发展产业中的短期行为，注重产业可持续发展，进一步提升质量和效益，着力构建乡村现代产业体系。加大产业扶持力度。围绕全省重点发展优势特色产业，统筹推进产业扶贫和"六大强农"行动，引导农业产业区域化布局、规模化经营、现代化生产和企业化管理。打造一批社会知名度高、市场竞争力强的特色片区品牌，发挥品牌价值对农民增收的乘数作用。深化农业供给侧结构性改革。推进一、二、三产业深度融合发展、良性互动，开展农产品初加工示范基地建设，因地制宜推进粗加工、精深加工、综合利用加工等协调发展，积极培育民宿民俗、休闲农业、乡村旅游、康健养老、农村电商等新产业、新业态，延伸产业链、提升价值链，为农村经济发展注入新动能。积极培育新型经营主体。推行"公司 + 新型农业经营主体 + 农户"经营模式，引导新型农业经营主体与农户建立稳固的利益纽带，支持新型农业经营主体为农户提供技术培训、市场营销、品牌建设、生产融资等服务，提升农户专业化生产水平。加强就业培训。注重解决易地搬迁扶贫对象的就业问题，确保每户至少 1 名劳动力实现稳定就业，使其稳得住、融得进、能发展。设置驻村辅警、护林员、清洁员等公益性岗位，优先聘用相对贫困人口。建设一批新型职业农民培训教育基地、田间学校，精心开展具有较强针对性、实用性的农村劳动力技能培训，积极推动农村劳动力就业创业，打造一支成千上万懂农业、爱农村、善经营、能致富的"三农"人才队伍。

五、发挥农民主体作用，在发展动力上做到有机衔接

无论是脱贫攻坚还是推进乡村振兴，都要积极发挥农民的主体作用，充分调动广大农民群众的积极性、主动性、创造性。坚持共建、共管、共享。充分尊重农民意愿，确保乡村振兴发展成果由农民共享。推行一事一议、以奖代补、以工代赈等方式，鼓励农民对直接受益的乡村基础设施建设投工投劳。对财政支持的小型项目，优先安排农村集体经济组织、农民合作组织作为建设管护主体，不断增强广大农民群众推进乡村振兴的责任感。弘扬新乡贤文化。加强农村精神文明建设，持续推动移风易俗，坚决遏制红白喜事大操大办、买码赌博、办酒泛滥、厚葬薄养等陈规陋习。发掘农村传统道德教育资源，将优良家风家训与社会主义核心价值观结合起来，用文化力量培育文明乡风、良好家风、淳朴民风，从而解

放群众思想，激发乡村振兴的强大动力。加强人才引进培养。加快落实乡村人才振兴行动计划，积极推进"引老乡、回故乡、建家乡"，促进智力向农村汇聚，激励各类人才在农村大显身手，成为乡村振兴带头人、领路人。

六、突出基层党建，在乡村治理上做到有机衔接

脱贫攻坚、乡村振兴都离不开党组织的坚强引领，必须充分发挥基层党组织的战斗堡垒作用和党员的先锋模范作用。切实加强基层党组织建设。继续坚持以党建为引领，加强基层党支部"五化"建设，向相对贫困村选派第一书记，发挥好基层党支部的战斗堡垒作用和村党支部书记"领头雁"的作用，切实提升农村基层党组织的领导力、凝聚力、战斗力。持续不懈加强作风建设，锲而不舍整治"四风"，力戒形式主义、官僚主义，以严实的工作作风提升工作实效。建强农村基层干部队伍。严格选人用人标准，选强选优配齐村支两委班子，特别是要选好村党支部书记。大力整治软弱涣散农村党组织，加强农村党员干部的教育管理和培训，切实提高农村基层党组织的凝聚力、战斗力。高度重视农村后备干部的培养，着力将政治上可靠、致富能力强、群众基础好的青年致富带头人发展成党员、村干部，培养储备一支德才兼备的农村基层党员干部队伍。创新基层治理方式。加强乡村依法治理，加大普法宣传力度，运用法治思维构建农村社会治理制度体系，着力提升乡村治理法治化水平。坚持把社会主义核心价值观融入农村生产生活，弘扬主旋律和社会正气，不断提高乡村文明程度。

（作者系中共湖南省委副秘书长）

城乡关系重组下的乡村建设

⊙ 贺雪峰

取消农业税以来，国家不断加大对农村的投入，目前每年惠农资金早已超过 2 万亿元。到农村调研，很容易遇到国家投资的惠农项目。有点可惜的是，大量惠农项目投入成效存疑。

大型且集中的投入如各种农业综合体，动辄数千万上亿元投入；中型分散投入如农村雨污分流项目，每个项目数百万元；小型项目如农村改厕；若做追踪调查，就会发现，绝大多数项目投入都不成功。不仅国家财政投入项目大多不成功，而且资本下乡也大多血本无归。2008 年成都被列入国家城乡统筹示范区，推动资本下乡，几乎所有下乡资本都是开着宝马进村，骑着自行车逃离。很多地区农民将积蓄用于在农村建高标准住房，却基本上没有住过。地方政府推动农民上楼集中居住，农民难以适应集中居住且搬入的楼房建筑质量很差。精确扶贫易地安置，为贫困户建了新居，贫困户却不愿搬入新居而仍然住在老房子。全国几乎所有地区都在做全域旅游规划，"美丽乡村"如火如荼，在可以预见的将来就可以看到巨资投入的这些规划和建设再次失败。

也就是说，一方面国家向农村转移越来越多的资源，社会也在农村有巨大投资，另一方面是大量投入农村资源低效使用，造成了严重的资源浪费。如果有人对最近 10 多年惠农项目成效进行评估，一定可以发现问题极大，教训却没有吸取。

惠农项目之所以容易失败，一个基本原因是当前中国正处在史无前例的城乡关系重组之中，农村人口大量进城，城市成为中国经济增长极，农村 GDP 占比越来越低。经济发展的机会在城市，农村则为难以体面进城群体提供了保底。在保底的农村要建设"强富美"以及要寻找获利机会，自然相当困难。

我们必须将投入农村的资源和乡村建设置于城乡关系的背景下面思考。从城乡关系来看，新中国经历了三个阶段的城乡关系：一是改革开放以前城乡分离阶段，城市从农村提取资源，农业支援工业建设的阶段。二是改革开放以来城乡二元体制被打破的阶段，最重要的是放开了对农民进城的体制机制限制，大量农民进城务工经商。几乎所有农户家庭都形成了以代际分工为基础的半工半耕生计模式，农民家庭再生产仍然在农村完成，农民家庭在城市挣钱，在农村消费。农村劳动力进城了，农民家庭收入增加了，农村变得更加繁荣。进入 21 世纪，农民家庭行为发生重大改变，即农民家庭不再从城市挣钱回农村花，而是想方设法进城在城市安居。农民家庭仍然存在半工半耕的生计模式，只不过现在是农民家庭留守务农的父母支持子女进城，为进城子女提供经济支持，至少是减轻进城子女的家庭负担，比如父母帮忙带孙子，父母留守农村生活成本也比较低。父母留守农村也为进城子女提供了进城失败的退路。这种退路不仅是经济上和社会保障上的，而且是心理安全上的。农村也有助于应对老龄化。因此，国家在城乡关系上面，一方面放开了农民进城的限制，另一方面又限制城市资本下乡，强调不允许农民失去土地。

农民进城不可能一蹴而就，必然是一个艰难且相对长期的过程。农民进城，先到县城买房，让子女获得较好的城市公共服务尤其是教育服务，不过县城缺少就业获利机会，因此再想方设法到地市买房。开始是年轻人进城，再逐步全家进城。

在这个艰难且将持续相当长时期的农民进城过程中，国家要为农民提供无法进城或进城失败时的农村保底，因此就要限制城市资本下乡。农民依据他们的实际情况不断调整家庭策略，以在保证基本安全的情况下体面进城。

当前中国农民是没有"乡愁"而只有"城愁"的，即他们所有关切在于能否及如何体面进城。在当前时期，农民家庭策略是以农村资源支持城市，农村就不只是青壮年劳动力流失，而是几乎所有资源都进城去了。农村资源流出，村庄空心化，传统农村社会逐步解体，乡村发生巨变，城乡剧烈重组。一切都不确定，唯一可以确定的是变动和不确定。

在乡村巨变、城乡重组的背景下，国家向农村投入资源主要应当是保底性的，以应对农村资源流出背景下基本生产生活秩序维持难题。这个时期试图建设美丽乡村，试图通过制度来固定正在变动的关系，试图鼓励在农村发财致富，就可能开了历史倒车。

美丽乡村建设不能太着急。待到乡村巨变结束，城乡重组结束，城乡均衡发展阶段到来，建设一个"强富美"的乡村的时机才会到来。

在农民快速进城、乡村剧烈变动、城乡关系重组的阶段，建设"强富美"乡村的惠农政策，就是误判了时机，也会因此失败。惠农政策应当真正惠及所有农民，尤其是为农民提供生产生活秩序的保底。当前阶段惠农政策的重点不是要建设一个比城市好的农村，而是要建设一个不那么差的农村。

（作者系湖南师范大学中国乡村振兴研究院专家委员、武汉大学社会学院院长、长江学者）

基于地租理论改进农民扶贫工作

⊙ 刘萌芽　刘升学

　　地租又称土地要素收入，与其他要素（劳动力、知识产权、资本、信息、人力资本、企业家才能等）收入共同构成国民收入。国民收入加上折旧构成 GDP。广义的土地要素收入除了地租外还要加上土地化的资本的折旧。农民是依靠土地谋生的人口，如果土地的应有收益——地租受到"剥夺"，农民贫困就成为大概率事件。比如，土地产权不完整、农产品定价出现问题、农业区域分工发育不良、报酬递增条件不全、基础设施投资带来的位置增益分配不公、地租在产业链内分配不公、农村土地的绿色地租补偿机制不健全等情况的出现，就可能导致村民贫困。

　　为了解决地租生产分配不合理导致的村民贫困，就要求健全地租分配，对农民实行体制性"扶贫"。

一、完善农产品边际成本定价机制

　　马克思经济学的地租理论认为，农产品的价格是生产价格（生产成本加平均利润）加地租，他认为地租来源于农业的资本有机构成（固定资本—购买资本设备的资本 / 可变资本—购买劳动力的资本）较低从而劳动价值较高。虽然这个不符合发达国家现状和发展中国家的未来（农业是资本有机构成不低甚至更高的产业），但是马克思的地农产品价格理论具有指导意义——因为农业是土地密集型产业，所以农产品的价格必然包括更高的地租成本，因而看起来似乎就是生产价格加地租。其实，严格说来，所有产品的生产只要有土地投入，其价格就必然包涵地租成本。但是，只有在农业里土地是真正的生产要素（从生物化学视角看），在非农业里土地其实只有空间意义（即在非农产品的生产中土地本身不参与非农产品的生物化学反应）。因此，从这个视角看，农产品的地租应该是土地的使用价值生产贡献的回报。如果把马克思的农产品定价理论立足于这个使用价值生产特点，那么，就很成立了。由于非农产品没有绿色地租成本，因此，按照市场的边际效用决定的边际成本价（最后一单位消费农产品的生产价格加其对应的最后土地投入的绝对地租）所决定的农产品价格就是农产品定价的基础。那么，如何确保农产品按这个价格销售呢？

一是对低收入居民发放农产品购买补贴（例如贫困家庭孩子伙食补贴、对低保家庭增加食品购买补贴等），增强农产品消费能力，以确保农产品价格反弹后不影响底层百姓的温饱。

二是对进口农产品加征差价关税——凡到岸价格低于国内同一农产品价格的征收差额税，以用于上述补贴支出，最终实现农产品完全自给自足甚至具备出口能力（不用担心保护落后，只要国内市场有竞争、只要创新的收益归创新者，创新的动力压力自然会促进创新）。

三是成立农产品生产者协会以对抗收购和加工企业的"垄断力"，以提高农民的议价能力。农协还是克服基层行政力量乱作为的真正自我治理的制衡力量。

四是对农民（含农业企业）通过技术创新以及组织创新（如规模经营）带来的级差地租不征收收益税，以鼓励农民进行技术创新。对出租土地的农民收入不征收所得税。

五是允许土地入股并按照土地质量（土地的生化效率）进行土地资产定价，政府根据土地质量提供地价影子价格作为定价入股的参考价（更可以请第三方的市场服务）。

总之，农产品因为具有保障民生的公益特性且土地是生产力，所以，其定价机制应该是政府与市场的协同。

二、实现新的土地改革

延长农民土地承包经营权一百年不变，通过确权认证促进地权自由交易等；允许农民可以将土地直接进入市场，放开政府垄断土地供应一级市场的做法。地方政府的"土地财政"不能继续了，农村土地地租收益要回归土地所有者、经营者、使用者以及土地改良投资者等。地方政府放弃"土地财政"以后，大力精简政府机构、实现简政强效。

三、发展土地保质、农民保权的第三方服务市场

大力发展农民转让土地经营权的第三方服务市场，以替代现有村干部和镇政府垄断集体土地交易的现有模式。大力发展替转让土地产权的农户对土地质量进行"年检"维护农民"绿色地租"权益的第三方服务机构。鼓励发展为农户提供法律服务的律师会计师等第三方服务。如上一段所言，政府财政收紧以后，大力精简政府机构，将一些事业编制——尤其是涉农口的单位要发展成为农业生产服务的市场主体。要逐步将村镇（乡）现有的土地收益管理以及农产品生产经营协调事务等民事治理（如治安管理）逐步分开，前者逐步移交农民按股份合作制模式管理的农协等真正自治的法人组织，后者主要承担非市场功能，按市场经济要求实现村镇政府职能转变。

四、通过城乡平等实现地租公平分配

过去在工业化"起飞"阶段，我们不得不牺牲农民甚至农业进行工业化积累，很难实现城乡同等待遇。但是，现在进入工业化后期（霍夫曼指数小于1了），农业的机械化程度已经比较高了，农村劳动力转移早过了"刘易斯拐点"，如果再搞城乡差别待遇和隔离，只能损伤国之根本。为此，一要大力发展农村教育扶贫、康养扶贫。正如习近平总书记所言"国家教育经费要继续向贫困地区倾斜、向基础教育倾斜、向职业教育倾斜"。要实施健康扶贫工程，加强贫困地区传染病、地方病、慢性病防治工作，全面实施贫困地区儿童营养改善、孕前优生、健康免费检查等重大公共卫生项目，保障贫困人口享有基本医疗卫生服务。二要对城乡的公共服务实行平等对待，例如治安管理、公检法机关服务，打击假冒伪劣的工商服务，政策信息的公开、决策程序的民主与科学，等等。三要在城镇企事业单位的用工中实行"同工同酬"，绝不能歧视农民工身份，在要素收入的初次分配中不能对城市户口"正式工"等搞"身份福利"。四要实现城乡土地政策一致，去除地价城乡两张皮、双轨制。总之，无论要素定价还是社保制度等都要逐步实现城乡居民同等市场待遇和同等公共福利待遇。

此外，通过农民公益性非社团组织或盈利性农民股份合作制等产业组织的创新，把地租形成的农民收入引入水利建设、农村环保治理等土地养护的绿色支出。政府要确保对土地质量造成破坏的采矿、工商企业收取的资源税、污染税费等专款专用（单列出绿色预算体系），保证环境恢复支出（含对当地农民损害补偿）。

五、大力保护农业，谨防农业三产化导致的农业"空心化"

目前很多农村地区都在搞旅游开发、文旅项目、主题公园以及综合农庄等，虽然在一定程度上促进了当地经济的活跃，但是，带来的问题也很多。一是种植业光"好看"，而"有吃""好吃"是不行的；二是耕地大面积改为水泥地、停车场以及市场设施、娱乐场所、景观场地等，导致农业失去了根底；三是对旅游项目的开发没有预留土壤复耕、耕地复原、生态保全等保证金（理由就是未来绿色地租的现金流折现之和）；等等。因此，农业"空心化"不仅仅导致农业实体经济的作物减产，而且会导致农业土地再生资源的破坏。此外，农业三产化大多以农民彻底失去地权为代价，农民就业风险大（农业风险小于三产风险——这次疫情就让旅游区基本"休克"，而传统农业地区饭菜等吃食基本不愁）。农业三产化让农民脱贫容易，返贫更容易。中国是14亿人口的大国，"米袋子""菜篮子"必须完全掌握在自己手上——甚至还要对世界人民有所贡献，宁愿城镇中上收入阶层亏点钱也要充分激发农民（含农业企业家）发展农业的积极性。

总之，对于农村贫困问题的解决首先要在土地要素收入的初次分配中实现市场理性与公平理性的统一。因此，必须改善农产品生产流通的产权制度、组织制度以及相应的政府公共治理制度，从而通过深化体制改革来促进农业、农民、农村的发展，首先解决因为初次分配不公带来的贫困问题。其实，20世纪80年代初的联产承包到户的地权改革以及后来的农产品自由贸易等价格体制改革一下子就解决了几亿农民的吃饭问题，这就是体制扶贫的最好历史见证。目前，因为科技进步、城市和工商业发展、世界经济一体化等新情况的累积效果，进一步凸显了传统体制遗留问题的弊端，现有"三农"经济政治模式已经很不适应新形势、新要求。因此，要从健全土地要素初次收入分配机制入手，进一步取得比20世纪80年代初更大的体制性脱贫成效。

（作者刘萌芽系南华大学经济管理与法学学院经济学教授；刘升学系湖南师范大学中国乡村振兴研究院专家委员，南华大学副校长、教授）

乡村振兴需要把握的三个关键问题

⊙ 赵强社

长期以来，乡村的人才、土地、资金等要素单向流向城镇，乡村处于"失血""贫血"状态。推进乡村振兴，根本在投入政策保障，出路在土地制度创新，要害在乡村人才支撑，本质上就是要推动"人、地、钱"三要素在城乡间双向流动和平等交换。"十四五"国民经济与社会发展规划提出，要加快形成以国内大循环为主体、国内国际双循环相互促进的新发展格局。畅通国内大循环"堵点"在畅通城乡经济循环；畅通城乡经济循环，必须用好深化改革这个法宝，解决人往哪里流、地从何处来、钱从哪里出的问题，增强改革的系统性、整体性、协同性，激活主体、激活要素、激活市场，激活乡村振兴的内生活力。前提是要把握"三个一"原则。

一、正视一个现实："三短""三化"现象

2018 年《中共中央国务院关于实施乡村振兴战略的意见》指出，"当前，我国发展不平衡不充分问题在乡村最为突出"，"实施乡村振兴战略，是解决人民日益增长的美好生活需要和不平衡不充分的发展之间矛盾的必然要求"。实施乡村振兴战略，既适应了我国社会主要矛盾的转化，充分反映了"三农"发展的实际；又能有效解决"三农"发展中的根本问题，即农业农村发展不平衡、不充分问题。

"不平衡"表现为"三短"，即农业现代化是工业化、信息

化、城镇化、农业现代化"四化同步"的短腿，农村是全面建成小康社会的短板，农民收入是城乡居民收入的短项，这也是城乡差距的真实写照。2020 年，我国城镇居民人均可支配收入 43834 元，农村居民人均可支配收入 17131 元，城乡居民人均可支配收入比为 2.56∶1；2020 年城镇居民财产性收入是农村居民的 11.65 倍，农民几乎没有财产性收入。

"不充分"表现为"三化"，即"农村空心化、农业边缘化、农民老龄化"，这也是"三农"发展的现实写照。随着我国工业化、城镇化的快速发展，城镇化率从新中国成立初期的 10.64% 提升到 2019 年末的 60.60%。农村常住人口逐渐减少，造成了农村人走房空的现象，大量"空心村"产生，农村劳动力主体老弱化严重，导致大批土地撂荒，大量土地资源浪费。乡村不复往日"草树知春不久归，百般红紫斗芳菲"的景象。2020 年，全国体制性撂荒和低利用耕地多达 2.6 亿亩，占耕地总面积的 13%；2020 年城乡体制性剩余农村劳动力 1.6 亿人。造成"三短""三化"问题的根源，是城镇要素向农村流动不畅，城乡二元结构使城乡之间"鸿沟"加剧和要素市场"割裂"。民族要复兴，乡村必振兴。实施乡村振兴战略必须立足"三短"这一城乡差距的真实写照、"三化"这一"三农"发展的现实写照，在"人、地、钱"三要素上实现双向流动。

二、坚持一个方针："多予、少取、放活"

"多予、少取、放活"最早在 1998 年 10 月《中共中央关于农业和农村工作若干重大问题的决定》中提出，2006 年延伸到"建立以工促农、以城带乡的长效机制"，2007 年演进为实行工业反哺农业、城市支持农村。从城乡收入差距来看，这一方针执行得并不到位。以土地出让收入用于农业农村的比例来看，2013 年至 2018 年我国土地出让收入累计达 28 万亿元，扣除成本性支出后，土地出让收益 5.4 万亿元。土地出让支出用于农业农村资金 1.85 万亿元，仅占土地出让收益的 34.4%，占土地出让收入的 6.6%。长期以来，土地出让收入取之于农、用之于城。

深化农村改革，激活"人、地、钱"三要素，关键是要在"多予、少取、放活"上做足文章。三者之间是一个有机统一体。"多予"是重点，从现实维度看，农业还是短腿，农村仍是短板，农民收入仍是短项，所以必须真正落实工业反哺农业、城市支持农村的方针。一要多予政策，继续制定出台系列强农惠农富农政策；二要多予投入，不断加大农村公共基础设施投入，深入开展乡村建设行动，逐步把政府公共财政、公共产品、公共服务的覆盖面扩大到农村；三要多予方法，既授之以鱼，更要授之以渔，加大农民培训力度，以科技创新促农民增收。"少取"是前提，从时间维度看，"少取"就是要承认过去几十年农业为国民经济发展作出了巨大的贡献和牺牲，前30年是工农业剪刀差，后40年是城乡土地剪刀差，现在到了反哺农民的时候了，到了还历史欠账的时候了。"少取"就是要保护农民合法权益，减轻农民负担，规范政府行为，坚决杜绝"新三乱"现象。一是乱涨价，粮食价格不涨，农资价格不断上涨，使种植业比较效益低，于是撂荒发生了；二是乱摊派，在"厕所革命""清洁能源""人居环境整治"等方面以国家补一点、农民出一点的名义向农民变相摊派集资；三是乱作为，片面理解国家政策，以有偿收回为名，打农民宅基地、集体建设用地的主意，侵害农民利益。"放活"是根本，从改革维度看，未来农村改革的重点和难点是释放农民的主体性、创造力，不断激发农村生机活力。"放活"就是要把农民手里的资源、土地、资产与市场、人才、资金、技术等要素合理地整合起来，让农民"有资源支配、有资产经营、有资格入市"，成为完整的利益主体、责任主体、市场主体。通过"放活"，让资源变资产、资金变股金、农民变股东，让绿水青山就是金山银山，让土地流转起来、资产经营起来、农民解放出来，农民成为有地市民。

三、坚守一个底线："四个不能"

习近平总书记指出，解决农业农村发展面临的各种矛盾和问题，根本靠深化改革。改革要破旧立新，但更要坚守底线。不管怎么改，不能把农村土地集体所有制改垮了，不能把耕地改少了，不能把粮食生产能力改弱了，不能把农民利益损害了。这"四个不能"是习近平总书记给农村改革发展划出的底线，是做好农村工作"负面清单"的依据。农村改革只要在"四个不能"基础上改，就不会走土地私有化的邪路、损害农民利益的歪路、忽视粮食生产的弯路。

一要坚守农村基本经营制度。

农村最大的政策，就是必须坚持和完善农村基本经营制度，坚持农村土地集体所有，坚持家庭经营基础性地位，坚持稳定土地承包关系。以家庭承包经营为基础、统分结合的双层经营体制，符合我国基本国情、契合农业生产特点。不管农业经营体制怎么创新，家庭经营现在是、将来也是我国农业最基本的经营形式。

二要防止耕地"非农化""非粮化"。

坚持最严格的耕地保护制度和节约用地制度，确保我国实有耕地数量基本稳定、质量不断提升，既是保障未来粮食安全的根本，更是对子孙后代的责任所在。国务院办公厅印发《关于坚决制止耕地"非农化"行为的通知》(以下简称《通知》)，指出一些地方存在违规占用耕地开展非农建设的行为，对国家粮食安全构成威胁，提出"六个严禁"。与2004年提出的"五个不准"比较，《通知》将制止耕地"非农化"上升到增强"四个意识"、坚定"四个自信"、做到"两个维护"高度。

三要切实保障农民"三权"。

土地承包权、宅基地资格权、集体收益分配权是法律赋予农民的合法财产权利，任何人都无权剥夺。农村改革的前提是要把维护和保障农民"三权"作为根本出发点和落脚点，坚持以人民为中心的发展思想和新发展理念，走以权利为导向的发展之路，否则就走偏了。过去那种"以土地换社保"、"农民工积分落户"、拆村上楼建社区的所谓改革都如昙花一现，原因就是打农民"三权"主意。保障农民"三权"要坚持依法、自愿、有偿的原则。一是依法。农民"三权"是农民的财产权，不得以农民退出"三权"作为农民进城落户、享受社保的条件。二是自愿。要尊重农民意愿和维护农民权益，把选择权交给农民，由农民选择而不是替农民选择，即"可以可以也可以"，不强迫命令，不刮风，不搞一刀切。以土地经营权为例，可以出租，可以抵押，可以有偿转让给本集体经济组织其他农户，也可以有偿地交给发包方。三是有偿。土地承包权、宅基地资格权、集体收益分配权是农民的根本权利，不能退出，有偿退出的是土地经营权、宅基地使用权，不可混为一谈。这个前提要搞清楚。

（作者系湖南师范大学中国乡村振兴研究院特约研究员、西北农林科技大学硕士生导师，咸阳市林业局党组书记、局长）

农村万象

乡村消失的那些小精灵们

⊙ 蒋高明

目前一种严峻的现实应当引起决策者警觉，即农田生物多样性塌方式下降。农田里已经基本没有蚂蚱、斑麻蜥、屎壳郎、蝈蝈、螳螂、蚯蚓、蛇甚至老鼠等；森林里看不到多种小鸟，连刺毛虫也基本没有了；河流池塘湿地里，难以寻觅青蛙、蟾蜍、沙里趴（一种鲤科）、泥鳅、鳖，甚至连乡村池塘湿地也直接消失了；村子里见不到飞着的燕子、蜻蜓，墙上很少见到壁虎。

乡村野生物种的消失，主要是人类围绕食物生产应用各项科技发明造成的。仅以人造化学物质来看，就高达万种，其中农药、除草剂、地膜、抗生素、转基因技术滥用是造成野生物种消失的最直接原因。人类发明了化学物质，污染了食物链，这些化学物质大量进入农业生态系统，造成了敏感物种的灭绝。一些来不及适应化学污染的物种，率先消失甚至灭绝。而经过了农药等石化物质洗礼的一些害虫与杂草，趁机占领了生态位，变得更难对付。

蚂蚱这个物种对农药是非常敏感的。蝗虫危害几千年，如今蝗虫在农药面前已很难成灾，转而进军草原。如果大量使用农药和除草剂，这个食草的昆虫就不能生存下来。小时候最喜欢捕捉一种绿颜色的蝗虫，雌性的比雄性的个头大，繁殖季节肚子里有很多黄色的卵，是一种优质蛋白质，当地人称之"登登山"。最近二三十年来，我在很多地方根本见不着该物种的踪影。这个物种以前是喜欢吃洋槐叶子的，但是洋槐等树种在农村都非常少见了，北方多样性的树木几乎变成清一色的杨树。

两栖类的青蛙的皮肤对农药非常敏感，大量农药和除草剂的使用，污染了水体，使蝌蚪不能正常发育。农药还夺走了青蛙的食物，那些农田尤其是水稻田里的害虫，原本是青蛙等天敌的食物。污染与食物短缺，造成青蛙在乡村湿地消失。

　屎壳郎这个物种，是农业生态元素循环的重要物种之一。屎壳郎滚粪球，并在地下打洞，为的是给繁殖的后代储存食物。遗憾的是，现在农民种地基本不用有机肥了，加上农药与除草剂污染，农田里很少见到屎壳郎了。

　老鼠和人类是长期共存的。老鼠的生命非常顽强，但就算是这样顽强的物种，在人类的各项化学发明前也败下阵来，现在农田里已经非常少见老鼠了。转基因作物种植很可能造成老鼠消失，几年前新华社记者就此做过专门的跟踪报道。转基因造成田间鼠类繁殖能力下降，法国、俄罗斯等多国科学家进行的长期实验证明，转基因食物影响鼠类的生殖与健康。其次，种子商从其自身利益出发，搞单粒播种，种子外包农药，使得鼠类在野外取食困难。种地的农民都知道"有钱买种、无钱买苗"这样浅显的道理，因此以前播种都是多用种子的，出苗后再间苗（一些地下害虫与蝼蛄也有这样的功能）。如今有了化学农药的保护，省去了间苗的功夫，但有毒种子也影响了老鼠和蝼蛄等物种生存。老鼠消失了，以老鼠为食的猫头鹰、蛇等也自身难保。人类吃饱了，天敌饿死了。

　燕子、斑麻蜥、螳螂等本身就是农田卫生员，如今它们的工作被农药替代了，自身生存都成为问题。害虫少了，以昆虫为生的鸟类也面临着生存问题。

　农田里消失的不仅是野生物种，那些人们长期保存的种子也因商业种子产业出现，农民不再留种，基本消失了。目前乡村已经很难找到能够留种的西红柿、黄瓜等老种子。我们只能到朝鲜、乌兹别克斯坦等国家去找种子，但愿他们国家还有老种子。除了植物种子，人类培育的家禽、家畜等传统物种，也面临着急剧消失的危险。人类发明的能够消灭物种的技术有成千上万种，但人类倾其全球力量，也造不出哪怕细菌或病毒那样简单的生命。

　人类为了吃饱饭（吃好饭成为奢侈享受），生活得更舒服，大力借助化学合成物与大型机器发展农业，从事农业的人群越来越少。社会进步了，但是代价变大了，一些物种可能永久地消失了。环境中增加的大量的不可降解的物质如塑料膜、重金属等持续不断地进入农业生态系统，这些"化学定时炸弹"迟早会有引爆的一天。先人类之前，一些敏感的小精灵已经消失了。乡村里那些消失的小生灵的生命抗争，能否感化那些贪婪的资本及所谓的科学家放下屠刀呢？

　当大量物种都消失的时候，紧跟着要消失的可能就是人类自己了。

（作者系中国科学院植物研究所研究员、博士生导师）

法制经纬

集体经济组织成员资格认定问题属人民法院受案范围

⊙ 周荣增

　　最近看到湖南高院一个关于集体经济组织成员资格认定以及承包地征收补偿费用分配纠纷的案例，该案件一审裁定驳回当事人的起诉，二审予以维持一审裁定，向湖南高院申请再审后，湖南省高院直接指令二审法院对本案予以再审。

一、基本案情：未成年当事人不予分配村组补偿款？

　　本案的基本事实是这样的：当事人是一名未成年人，父母2009 年结婚，2010 年生下当事人，后当事人的户口登记在其外祖父为户主的户口簿上。2017 年、2019 年，其外祖父所在的村组部分土地被征收，获得了部分征收补偿款。2019 年 7 月 7 日，组民召开会议，制订分配方案，确定参与分配人员，人均分配 5 万余元，但是却将当事人排除在可以参与分配的人员之外。

二、一二审诉讼：裁定该案不属于人民法院民事案件的受理范围

　　当事人的母亲起诉后，一审法院认为是否具有农村集体经济组织成员资格，是解决当事人应否享有集体经济组织成员权益，进而能否获得征地补偿款的前提。本案中，双方对当事人是否具有集体经济组织成员资格存在争议，而集体经济组织成员资格的确认，不属于人民法院民事案件的受理范围，故裁定驳回了当事人的起诉。二审法院审理后维持了一审裁定。后当事人向高院申请再审。

三、再审结果：集体经济组织成员资格的认定问题不属于村民自治范畴，指令二审法院再审本案

高院经审查认为，本案的争议焦点为本案是否属于人民法院受案范围，原审裁定驳回当事人的起诉是否有法律依据。

首先，《中华人民共和国民事诉讼法》第一百一十九条规定："起诉必须符合下列条件：（一）原告是与本案有直接利害关系的公民、法人和其他组织；（二）有明确的被告；（三）有具体的诉讼请求和事实、理由；（四）属于人民法院受理民事诉讼的范围和受诉人民法院管辖。"其次，《最高人民法院关于审理涉及农村土地承包纠纷案件适用法律问题的解释》第一条规定："下列涉及农村土地承包民事纠纷，人民法院应当依法受理……（四）承包地征收补偿费用分配纠纷。"第二十四条规定："农村集体经济组织或者村民委员会、村民小组，可以依照法律规定的民主议定程序，决定在本集体经济组织内部分配已经收到的土地补偿费。征地补偿安置方案确定时已经具有本集体经济组织成员资格的人，请求支付相应份额的，应予支持。"

本案系当事人请求被申请人分配承包地征收补偿费用而发生的纠纷，属平等民事主体之间的纠纷，该起诉有明确的被告、具体的诉讼请求及事实和理由，符合《中华人民共和国民事诉讼法》第一百一十九条规定的起诉条件，依法属于人民法院民事案件的受案范围。集体经济组织成员权是法定权利，对于是否具有集体经济组织成员资格的认定问题不属于村民自治范畴，原审法院裁定驳回起诉系适用法律错误，应当在查明事实的基础上认定再审申请人是否具有集体经济组织成员资格，进而判断其是否有权请求被申请人支付相关分配款项。

四、律师感言

本案当事人的直接诉求是要求分配征地补偿款，而实践中征地补偿款的分配纠纷一般会伴随着集体经济组织成员资格认定纠纷，而很多法院对于涉及集体经济组织成员资格认定的纠纷，一般都会直接以属于村民自治范畴为由驳回起诉。而今天介绍的这个案例中法院则秉持了实事求是的原则，依法认定了该案不属于村民自治范畴，而属于人民法院的受案范围，指令二审法院再审本案，我们可以预见再审的结果肯定能支持当事人的诉求。

就个案而言，其结果肯定能让当事人满意，然而透过本案我们应该能够看到湖南省高院对这一类型案件的一个审理思路，这才是最让人振奋的。

（作者系王金龙律师团队实习律师）

农民宅基地使用权可由城镇户籍子女依法继承

⊙ 最高人民法院

农民的宅基地使用权及其上房屋可以依法由城镇户籍子女继承，不能以当事人在继承时并非该村村民、系非农户口为由，否认当事人对案涉宅基地享有合法使用权。法院认定当事人合法取得案涉宅院，不属于外来人员购买宅基地的情形，并判决政府应当按照拆迁补偿安置方案对当事人进行补偿安置并无不当。

中华人民共和国最高人民法院
行政裁定书

（2020）最高法行申 9610 号

再审申请人（一审被告、二审上诉人）：河南省郑州市二七区人民政府。

委托诉讼代理人：郭刘军，河南省郑州市二七区金水源街道筹备组工作人员。

委托诉讼代理人：朱红群，河南千业律师事务所律师。

被申请人（一审原告、二审被上诉人）：赵晨嘉，男，1990 年出生，汉族，住河南省郑州市。

再审申请人河南省郑州市二七区人民政府（以下简称二七区政府）因与被申请人赵晨嘉拆迁安置补偿一案，不服河南省高级人民法院（2019）豫行终 3776 号行政判决，向本院申请再审。本院依法组成合议庭进行了审查，现已审查终结。

二七区政府申请再审称:(一)村民是否享有被安置人员资格是村民资格认定问题,目前法律并无相关规定,实践中由本村村、组自行认定。赵晨嘉户口原在白银市,直到2009年才迁入张李垌村,经该村、组认定,其并不属于此次拆迁改造享受待遇的村民。一、二审法院不应超出赵晨嘉诉讼请求范围,对赵晨嘉村民资格进行认定。(二)赵晨嘉的外祖母张清莲名下的宅基地,在2003年因城市改造被占用,当时已经对该处宅基地上的附属物给予货币补偿,但没有收回老宅基地证。案涉宅院系赵晨嘉母亲张宝霞在张清莲去世后建造的,没有宅基地证。根据《侯寨乡张李垌村拆迁补偿安置实施方案》规定,补偿安置依照"一宅一户一证"的原则,经村、组、乡三级认定,案涉宅院不能按照有效宅院进行安置补偿。(三)行政机关作出补偿安置的行政行为是基于法律、安置政策的综合考量,农村集体土地的拆除安置方案不具有强制性,拆迁安置协议具有一定自愿性,人民法院不能因为赵晨嘉拥有宅基地使用权就认定行政机关应对其负有补偿安置义务,并判断行政机关应当如何对其补偿。一、二审法院突破安置方案的规定进行判决,将带来一系列不稳定因素。因此,依照《中华人民共和国行政诉讼法》第九十条、第九十一条第二项、第四项的规定申请再审,请求:撤销一、二审判决,驳回赵晨嘉的诉讼请求,案件受理费由赵晨嘉承担。

本院经审查认为,本案争议焦点是赵晨嘉的案涉被拆迁房屋应当按照何种标准予以补偿安置。本案中,赵晨嘉外祖母张清莲在郑州市××乡××组有宅基地使用证并在该宅基地上建有房屋,应认定为合法宅院。2003年,因修建垃圾处理场,该村整体搬迁至新址,后由赵晨嘉与母亲张宝霞在新址建造案涉宅院。2009年6月30日,赵晨嘉户籍迁入太子庙沟村,早于侯寨乡张李垌村拆迁改造项目指挥部通告中载明的2015年9月6日的截止日期,不应认定赵晨嘉属于《张李垌村拆迁补偿安置方案》第七条第(二)项中所指的外来人员;且赵晨嘉户籍迁入太子庙沟村的时间早于上述通告中载明的截止日期6年有余,亦足以表明赵晨嘉并非系因谋取拆迁利益才将户口转入该村。因此,应当按照《张李垌村拆迁补偿安置方案》第六条规定的标准对赵晨嘉进行补偿安置。至于二七区政府在再审申请中提出的案涉宅院系赵晨嘉母亲张宝霞在其母张清莲去世后建造、没有宅基地证的问题，尽管赵晨嘉和母亲张宝霞在将户籍迁入太子庙沟村之前系甘肃省白银市非农户口，但农民的宅基地使用权及其上房屋可以依法由城镇户籍子女继承，不能以赵晨嘉和母亲张宝霞在继承时并非该村村民为由，否认赵晨嘉和母亲张宝霞对案涉宅基地享有合法使用权。因此，一、二审法院认定赵晨嘉合法取得案涉宅院，不属于外来人员购买宅基地的情形，并判决二七区政府应当按照《张李垌村拆迁补偿安置方案》第六条规定对赵晨嘉进行补偿安置并无不当。

综上，二七区政府的再审申请不符合《中华人民共和国行政诉讼法》第九十一条规定的情形，依照《最高人民法院关于适用〈中华人民共和国行政诉讼法〉的解释》第一百一十六条第二款的规定，裁定如下：

驳回河南省郑州市二七区人民政府的再审申请。

二〇二〇年十二月十一日

前沿报道

浙江的村干部是怎么搞村域产业振兴的

⊙ 熊万胜

2020 年 12 月份在浙江临安开了两天会,这是两个会的叠加,两个会都是浙江农林大学的鲁可荣教授组织的。其一是浙江省内许多村书记、村主任参与的一个研学圈子的年会,已经是第四届了。参会的村书记、村主任不仅工作干得好,而且很有思考能力。其二是国内一些长期从事农村研究的学者的会,叫做农村社会学论坛年会,也开到了第十一届。我们这些学者进行了理论与实践之间的交流,现主要结合听会收获谈谈对于村域产业振兴的思考。

一、村域产业振兴是乡村振兴的牛鼻子

要说产业振兴是乡村振兴的牛鼻子,这话估计不大有争议,但要说"村域产业振兴"是乡村振兴的牛鼻子,就肯定会引来不同意见。因为,有很多意见认为乡村振兴不能局限在村域内落实,至少要在乡镇乃至县域范围内谋划。这样的观点是有道理的,村域在自然和人文等方面的独特性并不能在任何涉农产业上都表现为经济优势。比如在北方平原的小麦产区,一个经营主体经营了数千亩甚至上万亩耕地,将一个村甚至几个村的农用地全部集中起来,就把单个村的独特性覆盖掉了。如果这样的话,那就需要较多地超越村域来思考乡村振兴的实现途径。而且,即使村域的独特性很重要,一支独放百花凋零也是不够的,确实需要整体谋划,相互带动。但是,如果一个村的村域经济

能够发展起来的话，那么，这个村的乡村振兴的经济基础就会很厚实，这个道理也应该是站得住脚的。

村域产业振兴还有一个特殊的好处，它往往带来村集体经济的发展，能够扭转村集体经济薄弱的局面。如果没有村集体经济的发展，村里的治理也搞不好。这是来自实践中的经验，实际上在乡村干部这里，基本上是一个常识。但是，如果把它当做一个规律来看，确实有点奇怪。因为，世界上绝大多数的国家都没有我们这种基于集体土地所有制的集体经济。在西方国家，地方自治体可以依靠税收来解决公共物品的供给；在宗教发达的地区，宗教组织可以依靠信徒的贡献来支持公共生活。在传统中国，宗族村落一般都有自己的集体经济，在非宗族村落却未必有集体经济。结果，要在理论上说清楚为什么到了当代中国就必须大力发展集体经济，还是很困难，要让那些不熟悉农村工作的人理解这一点，也非常困难。这是学者们在第二天的会上的一个感慨。但是，我们这些学者基本也都认为乡村振兴必须发展好集体经济。集体经济主要就是行政村层面上的村集体经济。

怎么发展好村域的产业呢？道理说起来非常复杂，而且也说不清，我却只想概括成两个词、八个字：物以类聚、人以群分。这样概括当然不可能全面，只是为了好理解，好记忆。以下分别说说这两个词。

二、"物以类聚"要靠人才

如果某个村的物产很丰饶，这样的村庄就可以物取胜。一、二、三产业里的前两个产业都主要是在生产物。所谓"物以类聚"，就是说物要有特色（类）、有规模（聚），一村一品就是典型的"物以类聚"。但实际上，也不必是一村一品，更应该是一村多品，多样化的生产和多样化的组织形式结合起来，形成一个富有弹性的村域经济体系。比如丽水市松阳县枫坪乡沿坑岭头村，就有不少特色农产品：除了传统的粮棉油，还有中草药，更有一种小巧美味的金枣柿。也许别的地方也有很多好东西，但这里的村干部的不同在于，他们都努力把这些物产尽可能地完成了国家认证，实现品牌化。

自然界的物会自动地按类别聚合起来，所以说物以类聚。但要满足人类的需求，特别是要满足今天的人类的需求，就必须人为地努力，需要人才。这次会上，大家在这个问题上谈得比较多。浙江是中国的发达地区，全省要么是工业化、城市化程度很高的发达地区，要么就是这些发达地区的后方"大花园"地区。这也是浙江省决策层的一个区域定位。和广大的欠发达地区相比，在这样的地区可以说存在一条别处不容易成立的特殊道理：只要有资源，本土就有人才冒出来，因为本土人才既靠近资源又靠近市场，近水楼台先得月。反之，如果本土资源不丰富，就必须依靠外来的社会化、市场化和专业化的组织和人才，要靠他们化平淡为新奇。在浙江，外来人才和本地资源的结合是很常见的情况。比如宁波奉化市的青农创客园的负责人赵洁就是这样的例子，她选择从一个农业比较发达的镇入手，在农业创意上做足文章。不仅卖草莓果，还卖草莓花；不仅自己做经营和研发，还培养年轻的创客。丽水市莲都区沙溪村的原村主任许永卫也是一个有趣的例子，他本是一个企业家，却到一个畲族村里做了三届村主任，彻底改变了这个村的命运。

即使本地有资源有人才，也还有一个能不能留得住人才的问题；即使能够引进外来的组织和人才，也有一个能不能干下去的问题。返乡创业能不能立足，外来社会组织能否实现融入，这样的问题受到了广泛的重视，人们讨论得比较多。在我看来，除了这个人才自己有没有真才，关键还有两点，第一是要能给当地人带来实实在在的好处，惠及面越广当然就越好，这样能打下群众基础；第二是当地的村级组织乃至更高层次的地方政府组织要有力量，干部要想干事情。

留住人才不只是一个利益对接的过程，更是一个组织对接的问题。当地的组织不给力，干部不配合，这个事情就很难办成。不能指望一个新手或者一个外人能够对接好当地的百姓和资源，必须本地组织、人才和外来的组织、人才相互陪伴，共同走上一程又一程。党建引领，这在中国农村真不是一个空洞的道理，最起码的一点，是党在管基层组织里的人才。

衢州市常山县新昌乡的党委书记林永周介绍了"新昌八贤"的故事。新昌是常山县最偏远的山区乡，原来有 24 个村，合并成了 10 个村。人口不多，只有 1.7 万人；面积不小，拥有 116 平方公里。油茶是本地特色产业，有 5.1 万亩。据说有 1.1 万人在外务工，平时乡里人很少，而且年龄都较大。县乡财政也很有限，就非得依靠乡贤不可。在 1997 年的时候，有一个在外做生意的人回来村里做干部，做得很好，这是乡贤治村的开始。乡里对这样的人才十分重视，认真地培养他们，也严谨地监督他们。10 个村里有 8 个村的书记都是返乡的新乡贤。在这次换届中有 7 个乡贤都留任，新增了一个。还新增了一些小乡贤进入村干部梯队。这里村书记的待遇不高，一年收入只有六七万，要把这些能人请回来一定要有办法。不仅是新昌乡党委政府在当地组织工作上下了功夫，而且新昌乡贤在外面也是比较有组织的，内外组织工作一起搞，才能让他们在外面的时候始终心系家乡，回来之后能够长留家乡。

学术界喜欢从"富人治村"的角度来看待"新昌八贤"这样的现象，会较多地从负面看问题。这里面的道理就像是用人的一般道理一样，人无完人，要让不是完人的能人发挥出积极的作用，不能笼统地说富人能不能治村，上级政府的领导和监督也极其重要。在新昌乡，不仅是引进乡贤，而且还很注意培养和监督，这个经验非常值得重视。

三、"人以群分"蕴含机遇

人以群分也是亘古不变的社会规律。这个规律在今天看来是蕴含了巨大的商机。粗略地看，大批量的人都在城镇化，都在奔向大城市群，又有很多人通过各种方式回头看向乡村，以各种方式和乡村建立连接，给乡村带来新的机遇。这些都是人的大潮流。对于村域经济发展来说，这样的描述就太粗略，村很小，它关心的是在这些大潮流中的人到底有哪一条细流会路过和流进本村。所以我们要关注大潮流里的人是怎么分成小群的。

这个事情真得依靠专业化的力量，无论这个专业化的力量是本土的还是引进的。人总是同时在很多群中，就好像我们都有很多微信群一样；而且人会改变，会建新群，淡出旧群。究竟本地可以创造出什么东西来打动哪些人，这没有人知道，只能靠探索。探索要有创意，还很容易失败。这个事情实际上必须依靠民营的力量，点点滴滴地努力。许永卫讲的故事就很精彩。他们十年前在这个村里做，一开始的起点就不是农家乐，而是比较高端的民宿。然后看到民宿多了起来，就向深处发展，研究怎么做好一桌菜，研究本地的土菜，做出几大碗。进一步地，又继续向深处掘进，将食材、工艺、风俗申报成非物质文化遗产。还教本地老奶奶用手机微信在网上直销。在这个村呈现出来的种种元素中，到底是什么东西打动了什么人，只有亲自做的人是知道的。没有到过这里的人不知道自己会不会成为回头客，即使成为了回头客，也未必知道谁是自己的同好。可见，人以群分是一个很微妙的过程，这个事情是市场机制的长项。在这样的故事里，我们能够理解浙江民营经济的活力和魅力。当然，这也是一个企业家和村干部完美结合的例子。

现在乡村旅游遍地开花，到处都在搞全域旅游，乡村旅游到底有多大的前途？这个问题是大家都很关心的，其实也多少是有些担心的。我倒是抱着比较乐观的态度。怎么把握人群细分的过程和流向是乡村旅游发展的一个核心问题。我给大家讲了一个概念，说乡村旅游不仅仅是面对景物、风情或食物的"风景旅游"，更多的也是一种和人情关系连在一起的"情景旅游"。单纯从客流量上来看，乡村旅游的客源主要还是周边的人。周边旅游这件事情值得研究，到周边转转的意义主要不是广义的风景，而是为了配合人情关系的经营。所谓旅游在很大程度上也是为了寻找一个适合搞好人情关系的情景。即使家庭关系，现在看来也是需要认真经营的，也需要好的情景——实际上非常需要好的情景。

对于人际关系情景的需求是广大的，也是持久的。关键是经营者能否创造出适意的情景，把这些人吸引到自己的门前来。讨论风景和情景的区别，不是在玩概念。当我们从情景旅游的角度来理解乡村旅游，才能看到乡村旅游的持久生命力。现在看来，至少在浙江的大花园地区乃至全国各地的较发达县域或者城市的郊区，情景旅游、两栖生活、通勤村、淘宝村、养老村这样的现象都不是新鲜事，而且会逐渐地多起来。

总之，物以类聚、人以群分，这八个字蕴含了无尽的机遇。浙江的各级干部尤其村干部在开发这些机遇方面走在了前面，相关的经验很丰富，这里所谈的只是其中一小部分。浙江有它的特殊性，比如经济相对发达，山区占比高，行政村规模小，宗族传统略强，民风理性，等等。但这些不能否定浙江经验的普遍性。普遍性和特殊性是辩证统一的关系，所有的特殊性中都有普遍性。每个地方都有它的特殊性，但每个地方创造的经验对于其他地方也都能有所启发。

（作者系湖南师范大学中国乡村振兴研究院专家委员，华东理工大学中国城乡发展研究中心主任、教授）

海外窗口

日本农村集体产权的法律关系特点和启示

⊙ 曹斌

从"多数人对同一财产共同享有所有权"的法学视角来看，农村集体产权制度并非只出现在倡导公有制的社会主义国家。在日本，农村集体产权被称为"入会权"，是指居住在村社内的农户按照成员协约共同占有、共同使用山林原野等自然资源，采集牧草、伐木、放牧、植树、采石、捕鱼或者获得资产收益的权利。明治维新以后，日本资本主义经济迅速发展，农民作为独立的个体开始逐渐融入到社会中来，但受到生产力发展水平的限制，小农户难以脱离村落拥有的自然资源独立开展农业生产活动，农村集体产权非但没有随着资本主义私有制的发展而消亡，反而获得了法律认可，成为独立于日本国家所有和私人所有之外的第三种产权形式。不可否认中日两国农村集体产权制度在形成背景、特点和面临的问题等方面存在一定差异，但两者都是多数人对同一财产共同享有所有权的产权制度，且都是依据章程等规定保障成员财产权的同时，以为其成员提供生产生活服务为目标的制度安排，研究日本农村集体产权的法律关系对于推进我国农村集体产权制度改革具有重要的参考意义。本文通过文献梳理和实地调研，深入探讨了日本农村集体产权的主体、客体和权利变更等法律关系特点，并对推进我国农村集体产权制度改革提出政策建议。

一、日本农村集体产权制度的演进

15 世纪，日本采取"户缴村结"的纳贡方式，农户之间的联系日趋紧密，形成了村落雏形。江户时代中期，村落不仅是领主进行统治的基层行政单位，也成为了农业生产基本单位和村民生产生活的共同体，拥有农地等集体资源的所有权和使用权。明治维新之后，日本对封建领主制度进行资本主义改造，村落所有的集体土地被列为私有地。1896 年颁布的日本《民法典》进一步规定了农村集体产权的物权属性，使其得到了法律保障。20 世纪初，日本学者对农村集体产权的性质、特点等展开了深入探讨，认为罗马法无法充分解释农村集体产权的形式，提议"依据日耳曼法中的总有权相关理论解释日本农村集体产权"，并在大量司法实践基础上构建了日本农村集体产权制度的理论框架。然而，随着商品经济向农村社会的渗入，1966 年日本颁布《入会林野近现代法》，试图推动消灭农村集体产权，实现集体资产的私有化来推动农业规模化经营。然而，日本以家庭为单位，小规模分散式的生产经营方式很难完全脱离地缘或血缘组织，独立解决维护水利设施、管护林地等生产经营问题。目前，日本农村仍然存在大量拥有集体资源所有权的农民集体。总体而言，日本集体产权制度作为封建领主时代村社制度的遗留产物，虽然多次遭遇被资本主义私有制替代的危机，但原生的村社制度随着私有制的发展并未完全瓦解，而是演化为次生形态的农民集体产权制度，并且在法律保障下形成了完全不同于国家所有和私人所有的第三种产权形式。

二、日本农村集体产权的法律主体

1. "农民集体"是农村集体产权的主体

日本在制定《民法典》过程中，对农村集体产权的主体曾有过诸多争论，但在习惯和司法实践中始终把农民集体当作权利主体，主要基于三方面原因。一是农民集体并非独立于集体成员之外，而是集体成员的总和。集体资产本质上是集体成员私有产权的集合，集体成员通过对农民集体的管理，实现对资产的支配，农民集体是代表集体成员行使权利的组织形式。二是集体成员不能作为权利主体直接行使权利。集体成员并非基于契约，而是基于集体成员资格获得的权利，集体成员只有在集体这样的关系中才享有上述权利，一旦离开集体，权利将会原则上自动丧失。集体成员的权利股份并不是分割给了个人，而是一种份额的概念，实质上是一种受益权，集体成员只能依据份额请求分配集体资产盈余，但是不能请求分割或处分集体资产。三是农民集体可以请求停止侵害、赔偿损失。在与外界发生纠纷时，基于农村集体产权的物权性质，农民集体可以作为一个整体对外主张权利，但必须由全部集体成员作为原告。日本法学界虽然也出现过集体成员是否是权利主体的争论，但司法实践中往往把集体成员认定为农民集体代表，而不否定农民集体的主体地位。

2. 集体资产由集体成员民主管理

日本存在大量不具备独立法律人格的农民集体，成员相互承担无限连带责任，依据章程实现对集体资产的共同管理。成员大会是农民集体最高权力机构，每年召开一次，部分农民集体在必要时召开临时成员大会。各成员家庭的户主代表全家基于"一户一票"原则对重大事宜进行投票表决。成员大会推选理事长或会长负责事务性工作，部分成员较多的农民集体推选出理事组成理事会，再由理事会推选理事长专职负责管理。表决方式采取"全体一致"和"少数服从多数"相结合的方式。但凡涉及集体资产处分、抵押、消灭或者增减成员数量等可能损害集体成员利益的事宜，必须采取"全体一致"原则，由全部集体成员表决通过。对此，日本学者指出，"总有关系的农村集体产权是集体成员私有权的权利集合体，不能以合法的形式剥夺个别成员的私有权"，"如果采取少数服从多数的表决方式将损害少数人的合法权益，导致共同生活在村落中的农户之间产生嫌隙"，"全体一致是日本村落生活的一部分，与西方民主的出发点完全不同"。对于日常经营等非重大事宜，则可由会长或者理事会采取"少数服从多数"的表决方式，以提升决策效率。

3. 成员资格具有地域性和封闭性

日本农民集体的成员权取得标准存在一定的地域性差异，大部分农民集体规定只有居住在农民集体所在地区的农户，才能以"户"为单位获得原始成员权。还一些农民集体要求成员必须是从事农业经营的家庭，甚至部分农民集体对成员拥有的农地或者林地有一定的面积要求。随着农村非农人口不断增加，部分农民集体允许以属地原则为前提，给予按时缴纳会费、分担农民集体运营经费或者长期参加农民集体活动的农户成员权。但日本认为成员权无法通过继承而取得，因为，一是集体资产是所有集体成员的共有资产，具有不可分割的特点，无法确定集体财产中成员所拥有份额财产的具体位置、形态，也就无法按照《物权法》一物一权的基本原则实现对"物"的占有和继承。二是家庭成员是因为继承了户主身份，才获得了代表家庭参与集体资产管理的资格，但继承人无法通过继承的方式获得被继承人的当地农村居民身份，因此无法以继承方式获得成员权。例如已搬离A村的子女无法继承生活在A村已故父母的集体成员的身份，也就无法获得A村的农民集体成员权。1956年日本盛岗地方法院解释："农村集体产权是因为集体关系而产生的权利，是原始取得，不能通过继承取得，获得部落居民资格可以获得成员权，离开部落后自动消失。"日本农林普查统计显示，2000年日本12071家农民集体中，按居住地自然取得成员资格的占21.7%，有条件接收的占32.8%，完全不接收新成员的占45.5%。

集体成员未经农民集体批准不得转让成员权。传统意义上的日本农村集体产权是在农民集体管理之下，集体成员进山砍柴割草、下河捕鱼维持日常生活的集体资产使用权。集体成员搬离该地区也就意味着不再需要使用集体财产，成员权自动消失，不存在成员权变更的问题。但是，随着集体财产由资源逐渐转变为资产，成员数量增减往往直接影响到原成员的集体资产分红收益，成员权的资产意义日渐突出，相关诉讼不断增加。日本学术界和司法界认为，农村集体产权是由农民集体管理的产权，只有获得农民集体认可才能获得成员权，集体成员不具备成员认定资格，未经农民集体同意随意变更的成员权，也就不具备法律效力。

成员权的消灭有以下几种情况。一是随着农村集体产权的消灭而消灭。例如集体资产被国家征收或者集体成员一致同意解散农民集体，造成成员权消失。二是移居失权。日本原则上规定集体成员搬离本地区自动丧失成员权，但随着日本农村交通条件大幅改善，集体成员即便已经搬出农民集体所在地区，如果还能回来参加集体活动、按时缴纳会费、履行集体成员义务，成员权也会被保留。1991年允许"离村不失权"的农民集体数量占日本农民集体总数的27.7%。另外，如果集体成员参与投资农民集体的营利性项目，即便丧失成员权，相应股份的收益权也可被保留。但农民集体通常会要求成员脱离本集体之前，将成员权和附带收益权变更给其他成员。三是长期不履行农民集体相关义务或者自愿放弃。四是农民集体章程中规定的其他失权事项。例如冲绳县金武部落民会规定，户主死亡后无男性子孙，配偶或女性子孙享有一代成员权，女性33岁或外嫁时自动丧失成员资格，但到55岁仍然未婚或者离异后返回本地的女性可享受一代成员权。随着社会发展，目前即便是农民集体的章程中有明确规定，但凡存在明显歧视女性、老人等色彩的条款，在司法诉讼中也得不到支持。

三、日本农村集体产权的客体

1. 农村集体产权客体的三种类型

根据《日本民法典调查会议记录》记载："农村集体产权客体包括山场、农地、水面、河流（农业用水）等。"笔者通过对日本农村集体产权诉讼案例的梳理发现，日本农村集体产权客体与我国基本相同，有以下三种类型。一是资源性资产。包括林地、农地、湖泊、水塘、滩涂、牧场、水利设施、近海和集体建设用地，以及农民集体租赁给成员的宅基地、牧场等。江户时期，日本农村大多数的住宅和土地是由农民集体所有交由私人使用。明治维新之后，这些土地基本上转为了私人土地，目前日本农村集体拥有大量宅基地和农地的情况并不普遍。二是经营性资产。包括农民集体修建并直接经营的旅馆、温泉、停车场、制糖厂、木材加工厂、精米加工厂等设施。例如东京都青梅市霞区公益会于1953年由7家农民集体合并成立，用出售集体土地的收入修建了办公大楼，并将其中一部分出租给当地农业协同组合、公司和餐厅，2018年经营性收入达到6750万日元。三是非经营性资产。包括农民集体修建的办公设施、神社、墓地等。这类设施具有一定公益性质，通常允许本地区其他公益性团体免费使用，并且可以申请获得地方政府财政补贴。但农民集体所有的墓地原则只供本集体成员使用，部分具有经营性质的集体墓地采取集体成员免费使用和收取非成员使用费相结合的方式。

2. 集体资产的四种支配方式

日本集体资产的支配方式主要有传统使用、集体使用、成员承包和对外租赁四种方式。其中，传统使用是指集体资产由农民集体统一管理，成员享有使用权和收益权，成员可以通过使用资源型集体资产满足生产生活中的需要，如允许成员进入集体林砍柴、割草、放牧等，是最为古老的集体资产支配方式。这种使用方式仅限于满足成员家庭需求，不得向第三方转让相关权利和获得的物资。对成员使用一般也设有限制，如可以采集杂草但不能砍伐木材，采集量以本人可背负为限，采集人数仅限于一户一人，采集工具只能是镰刀，用途仅限于自家使用等。

集体使用是指由农民集体统一经营集体资产，禁止集体成员私自收取集体资产产物，收入归集体所有的支配方式。例如农民集体经营的林场、木材或农产品加工厂、温泉、停车场和办公楼等。日本农民集体经营林场的情况比较多，一般采取农民集体管理和成员义务出工、出资相结合的经营方式，成员每年义务参加间伐、除草等活动，木材销售所得由农民集体提取必要的留成之后，把盈余均分给成员。部分牧区农民集体统一种植、销售牧草，并对集体成员在牧草价格、托管放牧等服务上给予一定的优惠。

成员承包是指农民集体把山场或土地租赁给成员种树、种草、开展农业生产或修建住宅。这种方式最早源于集体成员对种植饲料用草场的需求。由于土地面积、土壤肥沃程度、土地位置和距离自家远近等条件不同，通常需要全体成员协商决定承包方案并每隔数年进行一次调整。这种方式类似于我国的土地承包制度，集体成员根据协议有偿或无偿使用该土地，可自由安排生产，收益归个人所有，但承包人未经农民集体允许不能改变土地用途或转租给第三方。

对外租赁是指农民集体将集体资产的使用权和收益权通过租赁方式转移给非集体成员，有完全租赁和部分租赁两种形式。前者是把某地区集体资产租赁给第三方，例如把集体地权租赁给驻日美军修建基地，租赁给企业修建信号塔、高尔夫球场、滑雪场，租赁给国家种植防护林或修建医院、学校等公共设施等。后者是把集体资产的部分权限租赁给第三方，例如仅把土地的地上权租给电信公司修建信号塔，但是不排除集体成员在该土地上的用益物权。

总体来看，明治时代日本农业人口占总人口的80%左右，农业生产还处于自给自足的发展阶段，对于柴草、饲料需求较高，集体资产大多采取传统使用方式。20世纪初，随着商品经济向农村的渗透和化学农业的发展，集体资产使用目标逐渐转向赚取货币收入，即从自然经济使用形态转向货币经济使用形态，集体使用、成员承包和对外租赁方式逐渐增加。在城郊地区，由于农民集体拥有的农地和林地逐渐转为建设用地，以获取货币收入为目的的成员承包和对外租赁方式逐渐增加；而在山区，由于劳动人口减少，加上环境保护意识提升，集体使用方式的比例相对较高。可见，随着时代发展，日本农村集体产权中的"总有"色彩日益衰退，而排他性、独占性等个人主义色彩日益浓厚。

3. 集体资产的盈余分配

日本的农民集体基于独立核算、自负盈亏的原则开展经营活动，盈余主要来源于产品销售、资产租赁和项目分红，按照"全体一致"原则由成员大会决定分配方案，用途主要有以下五类。一是支付日常经营费用，包括维护农民集体运营所需要的人工费、办公经费、税金。二是维护维修或购置集体资产，包括修建与集体经营有关的林道、农道、水坝等基础设施，购置机械设备，投资木材或农产品加工企业、旅馆、温泉设施等集体产业。三是支持公益性设施建设，包括修建所在村落的会议室、公共浴池、幼儿园、寺庙、村内道路、垃圾处理设施、学校校舍和学校桌椅等，通常是在获得地方政府补贴的情况下，农民集体承担其中的部分费用。四是支持开展公益性活动，包括支持本地区逢年过节举办文化活动、给老年人发放新年慰问金、给学生发放奖学金等，扶持对象一般是集体成员和本地非集体成员。五是集体成员分红。明治维新之后，大多数农民集体存在特殊贡献股和分家后股份被减半的情况，出现了"按户均分"和"按股均分"两种盈余分配方式。同时，日本还存在大量收入极少或者完全没有收入的农民集体，不但没有收入可供分配，还要依靠成员来均摊不动产税和其他资产维护成本。

四、日本农村集体产权的法律关系变动

第一，农村集体产权源于原始取得。日本农村集体产权是历史上村落共同体对一定区域内的农地、林场、渔场等无主资源先占支配的排他性权利，产权制度的形成远早于《民法典》颁布。因此，虽然《民法典》没有专门列出农村集体产权的形成条件，但在实践中采取了由接邻第三方农民集体证明其集体资产和产权是否存在的鉴别方式。1889年和1947年，日本开展了两次市町村合并，将较小规模的自然村合并为较大的行政村，部分地区通过农民集体合并成立了新的农民集体产权。但在20世纪50年代之后，随着农业人口流失，农地需求减弱，农民集体数量呈持续减少趋势，鲜有新的农村集体产权产生。

第二，农村集体产权的法律关系变更。日本农村集体产权变更是指农民集体各类资产支配条件和支配内容的变更，或农民集体管理方式的变更。变更具备共有性质的农村集体产权的使用方式，一般只需本集体成员一致同意即可。而变更不具备共有性质的农村集体产权时，虽然原则上需要和地权人协商，但由于历史原因，日本部分农村集体产权是以用益物权的形式建立在国有和公有地权之上，只要不违反相关法律规定，农村集体产权变更一般不需要获得地权人同意。但是，当使用方法和管理方式的变更可能会影响到其他成员或者地权人利益时，则需要获得全体集体成员和地权人一致同意。

第三，农村集体产权的消灭。日本农村集体产权消灭有以下几种方式。一是集体产权主体消灭。例如集体成员一致同意解散农民集体，均分集体资产，造成权利主体丧失。另外，日本《入会林野现代化法》鼓励的解散农民集体，把集体

资产变更为私产也属于这种方式。二是农村集体产权客体消失，分为政府征用和客体消失两种情况。政府征用是指政府依据《土地征用法》（1951年法律第29号）或其他法律规定征用集体土地修建公共设施等，可分为完全征用和部分征用两种情况。前者是政府按照市价获得完全产权；后者是政府获得部分产权，例如政府出于环保需求，征用集体林作为生态保护林，并基于《森林法》（1951年法律第249号）第34条规定禁止集体成员开展伐木、割草和捡柴等活动，造成农民集体的原用益物权消灭。客体消失是指农民集体变卖或转移集体资产导致标的物消失，造成建立在标的物之上的农村集体产权消灭。三是农民集体自然消失。日本把是否对集体资产进行有效管理作为判断农民集体是否存在的重要依据。例如A公司在修路过程中实质侵害了B农民集体的权利，但B直到公路修好或公路修好数年后才提出停止权利损害诉讼，说明B农民集体并没有对集体资产进行有效的实质性管理。这种情况一般认定农民集体已经解体，农村集体产权消灭。

五、推进我国农村集体产权制度改革的启示

1. 基于"总有"权理论探讨构建我国农村集体产权制度

日本在上世纪初引入日耳曼法系的"总有"权理论，把身份的支配关系反映到了物权之中，在农民集体和集体资产之上设立了农村集体产权制度，有效诠释了农民集体构成、农民集体与集体成员的权利和义务等问题，并在实践中结合日本农业农村发展特点突破了日耳曼法系的限制，用罗马法系中的用益物权等进行了补充，形成了符合日本小农特点的农村集体产权制度。我国物权制度建立在罗马法系之上，对于解释"多人一权"特点的农村集体产权关系存在天然不足，另外，无论是按份共有还是共同共有，都难以有效诠释集体产权不可分割的难题。然而，日耳曼法系中的"总有"权理论与我国农民获取土地承包权源于集体成员身份，农民集体是集体成员以身份关系为基础自然形成的团体组织，因此用参考"总有"权理论来解释我国农民集体与集体成员关系，有利于推动我国农村集体产权制度改革。

2. 以"户"为单位稳定股权结构

日本要求集体成员资格要充分体现集体成员参与集体资产管理、使用和收益的权利和义务，在支配管理权能方面始终坚持"一户一股"的基本原则，既保障

了农民集体的股份结构和收益机制的稳定，又体现了以农户家庭为单位平等参与农民集体活动的权利与义务。我国大多数农民集体的成员资格采取"一人一股"的静态管理模式，今后随着城乡之间人口流动加快，必将引发立法、继承、确权等诸多问题，给保障集体资产的完整性带来挑战。建议参考日本经验，原则上以"户"为单位固化股权，对于农民集体重大决议采取"一户一票"民主管理，同时综合考虑成员历史劳动贡献和历史入社股金等实际问题，设立合理的配股用于分红。采取农户股权"生不增、死不减"和"离村失权"相结合的方式，减少人口流动对农村集体产权结构的影响。允许成员依据农民集体章程内部流转股权和收益权，或者允许向本地区非集体成员依法转让没有表决权的成员资格和相应的收益权。

3. 重视提升集体资源的使用效率

日本学者认为，无论是土地私有制还是公有制，追求资源的有效利用是相关制度变革的根本原因。离开了对资源的利用，也就失去了资源持有的价值和意义。农村集体产权制度本质上不是要解决所有问题，而是在于明确资源"使用"主体、客体和权责。因此，日本集体成员资格认定坚持"进村赋权，离村失权"的基本原则，同时又允许履行义务的集体成员保持成员资格，体现了以地缘、血缘关系为基础的集体成员对集体资产的有效使用，避免了所有权人与使用人分离、资产使用效率低的情况。随着我国城乡融合进程加快，成员流动已不可避免，过度坚持土地的社会保障作用，将不利于土地的规模化经营。建议健全农村社会福祉保障体系，通过政府主导与农民自愿相结合的方式，完善农民养老、农村医疗保险和助学贷款等制度，让这些制度逐步替代土地承担社会保障功能。同时，在坚持"资源有效使用"原则之上讨论集体成员的资格取得、变更、消亡等相关制度。把集体成员资格与实际资源使用情况相挂钩，允许剥夺或者强制转让长期不参加集体资产管理或者集体活动等实际放弃管理权能成员的资格或收益权。

4. 为农民集体提供多种组织形式选择

日本农村集体产权虽然被1896年施行的《民法典》赋予了物权属性，但由于未能明确农民集体法律上的独立人格，导致农民集体至今仍然无法单独进行不动产登记。但日本基于农民集体的"人合"特点，从习惯法、无限连带责任等角度出发，构建了非法人团体的法理体系，使其能够有效对抗第三方侵害。从日本司法实践来看，非法人团体在相关制度允许下也可以具备完全民事能力。建议加快推进农民集体经济组织立法，赋予农民集体独立的民事主体资格，为农民集体发展提供多种组织形态选择。既要体现农民集体经济组织与合作经济组织、企业等经济主体的区别，也要体现农民集体与集体成员的特殊关系。

5. 使农民集体成员相互承担无限连带责任

日本农村集体产权是个体成员权利的集合，农民集体是人合组织，对外行使权利、获得的收益和损失需要集体成员共同分担，成员与成员之间承担无限连带责任。因此，虽然没有法律规定的外部监管，但成员之间仍然能够坚持"全体一致"和"少数服从多数"的基本原则，实现民主管理。当前，我国集体成员与农民集体之间的利益连接不紧密，成员之间也缺乏横向合作，大部分农民集体内部监管形同虚设，基层政府"人少事多"，实际上也难以承担外部监管职能。建议把集体成员的个人条件作为农民集体信用基础，由集体成员相互承担无限连带责任，以法律形式从外部促进集体成员自发建立起相互信赖、相互监督、联系紧密的组织体系，降低政府监管成本，提升农民集体的自治自决水平。

（作者系中国社会科学院农村发展研究所副研究员）

日本农业"地产地消"对中国农业内循环的启示

⊙ 徐雪　张哲晰

全球新冠肺炎疫情持续蔓延，"逆全球化"思潮抬头，国际循环不确定性增加，产业链风险加大。我国作为农产品生产大国、消费大国和贸易大国，必须坚决贯彻落实习近平总书记关于构建新发展格局的重要指示精神，加速推进农业产业"双循环"，特别是通过增强内循环促进我国农业农村发展，助力实现乡村振兴。

近年来，日本为解决农产品进口依赖度高、农业后继乏人、农业生产经营成本高等问题，探索推进"地产地销"战略。在法律与政策的支持下，采用建设农产品直销市场、促进农业六次产业化以及开展食育教育等手段，加深了"产消"联系，增强了产品供给能力，拓展了农业功能，促进农业发展、农村繁荣、农民富裕。

作为日本的近邻，中国的农业也逐步经历着日本曾经走过的道路，在农业经营规模整体偏小、农业生产效益比较低下、农产品流通体系不健全、农产品国际竞争力下滑等问题的压力下，日本"地产地消"战略对中国农业产业有着重要的借鉴启示意义。

一、构建区域小循环、国内大循环的农业格局

我国幅员辽阔，农业生产具有多样性，形成了一方水土养一方人的农业区域发展格局，同时，随着交通运输与"互联网 +"的融合发展，我国农产品大流通新格局正在形成。

一方面，要继续完善传统农产品流通体系建设，特别是通过

产地批发市场和直销市场建设，促进产地农产品流通，既惠及更多小规模生产者，又保障产地居民消费新鲜农产品。

另一方面，要大力发展电子商务并配套相关基础设施建设，一些特色农产品正越来越受到市场的青睐，但其生产范围区域性较强，需要大力发展农产品电子商务使特色农产品"走出去"，助力国内大循环。

二、打造产品质量硬、民族情感浓的消费环境

消费者购买决策是理性思维与直觉思维相互碰撞的过程，人们会理性地对农产品特性展开分析，也会出于民族情感购买国产农产品，既要强化农产品自身建设，又要积极搭建消费者与本地农产品的情感桥梁。

一方面，要打造过硬的农产品品质，为本地农产品发展筑牢根基。

另一方面，要赋予农产品文化内涵，满足消费者精神需求，通过加大本地农产品宣传力度，弘扬勤俭节约的中华民族传统美德等，为农业可持续发展营造良好氛围。

三、实现巩固内循环、促进外循环的双循环激励

既要集中力量办好自己的事，又要敞开开放的大门，加快形成以国内大循环为主体、国内国际双循环相互促进的优质、高效农业发展格局。

一方面，要进一步释放国内市场活力，持续加强城乡循环、工农循环，用改革谋红利，增加农民收入，通过激发城乡市场活力做好内循环。

另一方面，要以内循环支撑外循环，要抓住高质量供求"回归"的机遇，在优化国内农业产业链的同时，提升我国农业在国际产业链中的地位，倒逼外循环转型升级。

（作者单位：农业农村部农村经济研究中心）

想说就说

耗良田、开山地，如此"占补平衡"

⊙ 朱永华

　　眼下正值春耕时节，广袤的乡村正播种一年的希望。然而，在湘中某地，笔者看到了颇为荒诞的一幕：一边为套取补贴奖励开垦几无利用价值的山地，一边是不少耕地被新建住房占用。据知情人介绍，这些被当作"耕地补充平衡"而开垦的山地，土质和耕种条件都比较差，开垦以后很难成为熟地、良田。说白了，开垦山地的动机就是套取补贴和奖励。笔者在实地走访调查中发现，当地耕地抛荒情况比较突出，且这些年来农民新建住房占用良田情况较为严重，有的村民小组可用耕地只有屈指可数的几十亩了。

　　土地是宝贵的，长期以来被当作农民的命根子。之所以在一些地方被随意处置，甚至上演出荒诞的一幕，个中原因就是它没有了人们期望中的"市值"。今天的农村人口，对粮食已不再依赖自己的一亩三分地，主要通过市场购买商品粮。而无论是住房占用良田还是开垦并无实质意义的山地，都可以追求到他们眼中价值不菲的短期利益。

　　土地宝贵，人多地少是我们必须直面的国情、省情，有限的耕地资源，对于整个国家的粮食安全、国民经济的整体运行有着至关重要的作用。为确保粮食安全，国家早已出台政策法规，明确划定了保护耕地的红线。各地也设立了相应制度和机构落实这一项基本国策。对于农村土地流转，国家也有政策规定，不可改变土地的使用性质。保护耕地红线，确保粮食安全，是全体国民的责任，尤其是监管机构和职能部门的责任。有关部门必须以高度的政治责任和主体意识担当起这一关乎国计民生的重任。因此，对于耕地的保护是刚性要求。

但是，在一些农村地区，农村宅基地的安排和耕地的使用具有较大的"弹性"和"操作空间"。有为数不少的农户占用耕地作为住房建设用地往往是通过先"上船"后"补票"的方式——先把房子建好，等待有关部门找上门来再做工作，上交一定数量的罚款，即可相安无事。这种"运作模式"可以说成为一些地方的通常做法。其实，这种现象与地方的监管部门缺乏职能刚性有很大关系。但存方寸地，留与子孙耕。在中国几千年的历史中，对于土地的管理和使用都是十分慎重严格的。而今，虽然因为经济发展取得空前成就，农民不再仅仅靠自己种地维系生存，但是粮食安全始终是一根必须紧绷的弦，这是中央再三强调的"防范风险"的题中之义。宝贵的土地禁不起随意折腾的"荒诞"，在原则面前，监管部门必须敢于亮剑，力行担当。

（作者单位：湖南日报社）

在村庄演进危机境遇之下寻求发展新路径
——读陈文胜《大国村庄的进路》

⊙ 曹倩

　　陈文胜教授的新书《大国村庄的进路》正式出版，我便迫不及待开始阅读。在认真仔细阅读一遍之后，对于书中所写"城镇化进程中的村庄的困境及风险"以及"乡村振兴战略下村庄演进的路径选择"感触良多。特别是之前阅读并学习了陈文胜教授所著的《论大国农业转型》，结合当时的环境背景以及当今中国的现实背景，不仅感受到了国家的进步发展，同时也感受到了在党的领导下，中国农业农村的进步发展。《论大国农业转型》是 2014 年正式出版的，而中国经济在 2004 年至 2014 年期间，已经完成了对刘易斯转折区间的跨越，中国农业也要随之完成相应的转型升级。时光荏苒，岁月不仅带来了中国经济的飞速发展，同时中国农业农村的发展也随之经历了翻天覆地的变化。在新时代下、在城镇化道路的进程中，村庄如何演进，在演进的过程中会遇到什么样的风险与挑战，面对这些风险与挑战我们又该如何应对与化解？陈文胜教授在《大国村庄的进路》一书中给了很好的回答。

一、危机并存：村庄在城镇化进程中的现实处境

　　随着中国城镇化进程速度的加快以及质量的提高，村庄也发生了巨变，且属于"外力推进型"的演进，即有规划的发展演进。在这种外力型的演进过程中，村庄又面临着什么样的困

境与风险呢？人地关系矛盾、人口城镇化严重滞后于土地城镇化、资源短缺、生态环境破坏等问题日益凸显，而对这些问题的出现与村庄治理，陈文胜教授总结为：村庄空心化困境、危机应对困境以及村庄灰色化困境。这三个困境是从村庄的三个角度来进行分析总结的，分别对应的是村庄的整体环境、村庄体制机制的建立健全以及村庄治理边缘人。在这些困境的作用之下，村庄演进过程中面临文化建设、生态环境、社会公平、村庄治理等方面的风险。这些是常见的困境与风险，在当前的城镇化进程中会更加凸显出来。我们需要结合当前的形势，具体问题具体分析，抓住主要矛盾。事实上，站在世界乡村发展的趋势和演进视角下，乡村发展会随着城市化的进程而经历衰退和进步。因此，面对这些困境和危机，我们不能自乱阵脚，要临危不惧，在党中央的指引下，找到缓解城市化进程中乡村演进危机的方法。

二、新要求：农业农村优先发展

习近平总书记在党的十九大报告中首次提出坚持农业农村优先发展，历史性地把农业农村工作摆在党和国家工作全局的优先位置。我国社会主要矛盾已经发生了变化，党的十九届五中全会提出的"四个全面"新表述，其中第一个全面由"全面建成小康社会"变为"全面建设社会主义现代化国家"，这是比"全面建成小康社会"更高的目标要求。站在国家层面上，"中国现代化与否，关键在农业农村"。在乡村发展的进程中，有许多错误的观点和看法，譬如：忽视农民主体地位、简单用工业化发展思路发展农业、以个案现象代替整体乡村发展等。我们在乡村振兴战略背景下，要始终保持警惕和警觉心理，坚决防范以及化解诸如此类偏离乡村振兴本质与本意的心态及行为。那么在乡村战略背景下，在中国农业农村发展进入战略性跨越的新方位下，如何推进农业农村优先发展、如何推进农业农村现代化？陈文胜教授在书中给了我们很好的回答。他讲述了村庄在农村产业、农村生态环境、土地改革、小农户主体作用以及农民主体地位共五个方面的路径选择。而在这五个路径中，我感受最深的就是"发挥小农户的最大主体作用""实现农民主体地位推进乡村振兴治理现代化"。

舒尔茨在《改造传统农业》中指出，要充分发挥农民的积极性、推进科学技术、教育的普及与创新，首先要有足够的有利性吸引农民积极参与。同时费孝通在《江村经济》中也曾提到，开弦弓村的人民在新水泵机器投入市场后并没有很多人使用，只因解放出来的生产力无地可用，归根结底是有利性不足以吸引农民改变。因此，在推进乡村治理现代化的进程中，不能一刀切治理，要时时刻刻以农民为中心，以农民的切身利益为中心，因地制宜、因人制宜。以"三治"共同带动乡村治理现代化的提升，落实农民治理主体地位。陈文胜教授提出：要以法治为保障，实现乡村治理有序；以德治为引领，实现乡村治理有魂；以自治为核心，实现乡村治理有力。在"三治"的共同作用之下，农民的主体权益得到保障，农民拥有自己的话语权，能够满足其对有利性的需要，以此推进乡村治理现代化的发展、推进农业农村现代化的发展。

陈文胜教授是一名始终站在农民的视角下研究"三农"问题的专家，所写文章、所著书籍始终关心农民、关心农业，并随着中国具体国情、随着中国农业农村发展新态势而不断发展自己的观点。其著《大国农业转型》就是探讨中国农业如何转型的问题，到了新的历史发展阶段，《大国村庄的进路》又论述了中国农村发展的路径选择。每本书都真诚热切地关注着"三农"问题，都站在农民主体的视角下回答中国农业农村问题。

（作者系湖南师范大学中国乡村振兴研究院硕士研究生）

当前农村耕地抛荒的原因与对策

⊙ 黄奥　谭博文　尹昌俊

习近平总书记强调：要"把中国人的饭碗牢牢端在自己手里"。随着工业化和城镇化的快速发展，耕地退化、污染、弃耕现象日益凸显，土地资源闲置浪费问题日益严重，耕地保护任务越来越艰巨，国家粮食安全的基础保障亟须加强。实地调研发现，无论是山区、丘陵，还是城郊，普遍存在有耕地抛荒的现象，究其原因错综复杂，并且根治农村土地抛荒成为了乡村治理的难题。

一、耕地抛荒问题产生的原因

耕地是农民重要的生产资料，农民世世代代依靠土地生存，对耕地充满着很深的感情。但是，在工业化、城镇化快速推进过程中，一方面，耕地的作用显得异常重要，另一方面大量耕地却被抛荒闲置。调研发现，耕地抛荒的原因主要有五个方面：

1. 粮食种植效益低下导致种粮积极性不足

近年来，化肥、农药等农资价格逐年上涨，人工费用成本也逐年增加，而粮食的收购价格却没有相应上涨，有的年份甚至出现收购价格下降的情况，由此形成耕种成本和耕种效益的倒挂。以调研的某县 W 村（小丘陵地貌）为例，种植水稻每亩的成本是：种子 120 元，化肥 130 元，农药 150 元，人工 410 元，总计成本是 810 元，一般毛收入是 1500 元左右，除掉成本一亩只有 690 元的收益。调研显示，如果农户对有些零星分散的、耕种条件较差的地块进行耕种甚至会出现投入大于产出的情况。"在家种田，不如外出挣钱"，农民依靠种粮赚钱十分不易，部分粮食生产大户遇到重大自然灾害就会出现严重亏损。效益低下直接影响了农民种粮的积极性，这是土地抛荒问题产生的最根本原因。

2. 大量农村人口外出务工导致农业生产人员的断代缺失

由于城乡二元结构未被彻底打破，随着工业化、城镇化的加速，加上传统观念一直认为农业生产是低层次的职业，绝大部分新生代都希望脱离农村进入城市，催生了"打工潮"。大量农村青壮年劳动力外出转向二、三产业务工，虽然城市生活消费不低，但每年结余的收入仍然是在家种粮的数倍之多。我们调研的几个镇的乡村，留在农村务农的基本上只剩下老人和妇女，从事农业生产的劳动力严重匮乏，大量耕地无人耕种、无力耕种。有些在外务工情况较好的农户甚至举家外迁，留下耕地无人打理。农村农业从业人员的断代，也间接导致了土地的荒芜。

3. 农业基础设施薄弱导致土地耕作力丧失

山区和丘陵地区的土地细碎化比较严重，一户农民往往有数块单块面积很小的土地，耕种十分不便，这些地区的农民一般只栽种 1 ~ 2 亩口粮田以满足家庭吃饭的需求。偏远、零散、瘠薄的耕地，耕作条件和基础设施普遍较差，很大程度"靠天收"，投入多产出少，农民不愿或无力耕种；有些土地地形复杂，修建机耕道、沟渠等基础设施成本较高，完善水利灌溉、农产品运输、机械化操作比较费力；有些地方农田灌溉设施管护投入不够，导致山塘淤塞、沟渠堵塞，防汛抗旱能力较弱；有些土地因为自然灾害破坏道路或城乡建设行为导致土地无法耕种。如此种种，也造成土地抛荒。

4. 农业种植技术落后导致耕作机械化不高

调研发现，相关部门尽管非常重视农业技术，但是，一方面掌握农业技术的人不在农村。农村年轻劳动力所剩无几且无种田的兴趣、很少干农活，同时高校农学相关专业的学生毕业后回农村的也不多（基本都到农业相关企业或改行了），由此造成农村现有的年轻人对农业生产最基础的技术也一窍不通。品种改良、技术推广完全依赖政府部门。另一方面，机械化作业还有短板。虽然近年来大力推广农业机械化，但由于部分山区、丘陵地形地貌原因，无法实施大型机械耕作，只能人工耕种或使用简易农机具。当前，适宜于特殊地貌丘块作业的机械机型还不多，除了连片地块、大户生产外，一般的农民耕种不会主动考虑机械化耕种。在技术匮乏又不积极使用机械的情况下势必造成部分耕地抛荒。

5. 土地流转不规范导致耕地集约化不够

农民最后的底线就是承包耕地，即使一部分农民背井离乡务工挣到了钱甚至在城市购房，但对于自己承包且无精力耕种的土地他们因害怕失去宁愿荒芜也并不愿流转。虽然国家出台了《农村土地承包经营权流转管理办法》，但农村承包土地的流转中，不规范的行为经常发生：有的是私下流转仅限口头协议；有的流转时间超过本轮承包期的剩余期限；有的流转对象没有经过资质审查；有的流转行为未通过发包方同意并经鉴证备案等。随着农村社会发生的生老病死、升学、当兵、就业、迁徙等，社会关系不断变化，有的土地流转因为不规范造成了纠纷，农民宁愿荒芜也不愿流转惹纠纷。

二、解决耕地抛荒问题的对策

耕地抛荒既是一个经济问题，也是一个社会问题。解决耕地抛荒问题各地都在积极行动，但是因为其原因复杂很难杜绝。要想从根本上解决抛荒问题，必须结合农业、农村、农民的新特点，多措并举，综合治理，不断调动农民的生产积极性，增强农业生产的效益。

1. 强化宣传引导，营造浓厚氛围

治理耕地抛荒，要从转变思想观念入手。要通过宣传标语、村村响广播、宣传车巡回宣讲、屋场会、村居微信群等形式，深入宣传《土地管理法》《农村土地承包法》等法律法规、中央省市关于严格禁止耕地抛荒的一系列文件精神和各级强农惠农政策，以增强人民群众主动解决土地抛荒问题的责任感、使命感和紧迫感，激发农民内生动力，营造全社会珍惜耕地的浓厚氛围。

2. 提高粮食价格，控制投入成本

要以农民种粮获得合理效益为目标值，根据各地农村农业的实际情况主动调整农民农业生产投入与产出率，既要坚持市场调节和定价为主，又要坚定不移采

取必要措施对主粮收购价格进行政府干预，制定并落实好最低保护价以提高农民的种粮收入。要根据每个农户实际需求，探索以村组为单位，集中采购种子、化肥、农药、农机具，切实降低农业生产资料价格成本，并严格控制播种、培管、收割等环节人工成本。

3. 加大投入力度，改善基础设施

要狠抓农田水利建设，加强农业设施的管理和保护，保证农业生产旱能灌、涝能排、病虫害能治，提高稳产抗灾能力，增强农业生产的稳定性。狠抓耕地保护和质量建设，搞好土地复垦整理和高标准农田建设，加强中、低产田改造，注重成片改造。大力推进农业机械化，减轻劳动强度，提高劳动生产率和经营规模水平。既要发挥国家对农业投入的主导、带动作用，又要积极引导和促进社会各方面多渠道加大对农业的投入。加大改善基础设施，加大农业的科技投入，大力培养农村实用人才。

4. 调整产业结构，发展精细农业

大力引导农民更新观念，改变传统的种植模式，发展高产、优质、高效、绿色农业，改善农产品质量，提高农产品附加值，增强市场竞争力。要以市场为导向，把资源优势和市场需求结合起来，进行供给侧结构调整，做到宜粮则粮，宜菜则菜，宜经则经，发展特色产业。大力发展电子商务进农村，壮大农民经纪人，实现线上线下良性互动、精准发力，搞活农产品流通，推动"订单农业"发展。采取招商引资、社员合作等形式，引入农产品加工中小型企业，发展乡村集体经济，吸引农民返乡务农务工，就地消化农产品。

5. 落实扶持政策，激发种粮积极性

在全面落实各项扶持政策基础上，要适当提高耕地地力保护补贴等农业补贴的标准，调动农民种粮积极性。坚持"谁耕种，补给谁"的原则，不搞平均主义和"本本"主义（即简单以权证作为补贴依据）。完善农业保险机制，加大政府对农业保险购买的补贴力度，减少市场风险，增加农业效益。结合乡村振兴工作，将代购有机肥等生产资料（或进行补贴）纳入地方扶持政策范围。对轮休土地实施轮休补贴，提高土地地力。

6. 鼓励土地流转，扩大规模经营

市县区要出台农业规模经营补贴的基本政策，吸引各类经营主体或投资主体流转土地、耕种土地，提高农业组织化程度，推进农业产业化进程。乡镇政府要主动用活农村经管站的土地流转平台，引导土地规范流转。一要搞好余缺土地调剂，将土地转包给愿意耕种的农户耕种，或通过村民会议，通过"小调整"将这部分土地重新发包。二要在群众自愿的前提下，将分散的抛荒耕地采用调换、转包等形式，尽可能集中连片，由村统一整治后进行招租流转。三要对自然条件差的高坂田、缺水田统一改造为旱地再整体流转或向上级申请变更土地类型。四是进行合同制约。在土地承包和土地流转中，将禁止抛荒土地的条款写入土地承包合同和土地流转合同，明确约定对抛荒行为的违约责任和处理措施，特别是建议对土地抛荒的合同约定国家政策性补贴资金一律取消。

7. 加强监督检查，分类施策处置

加强耕地抛荒的明查暗访，确保国家土地管理、粮食安全有关法律法规政策执行到位。对发现的问题，建立台账，分类管理。复耕条件较好的，要坚持当年复耕；虽具备一定的复耕条件，但难度较大的，要明确整改期限和整改要求，限期复耕；不具备复耕条件或复耕没有实质意义的，依法先行处理后再采取就地挖潜、异地补齐等方式补充耕地。同时，要通过地方立法解决土地抛荒问题。具体包括：一是发包方有权收回弃耕抛荒土地承包经营权；二是承包期内，承包方举家迁入城镇的，通过设立一定的过渡期保留其土地承包经营权，但必须耕种。

（作者单位：黄奥，湖南省常德市人大民族华侨外事委员会；谭博文，湖南省常德市民政局；尹昌俊，湖南省石门仙阳湖国家湿地公园管理处）

图书在版编目（CIP）数据

中国乡村发现. 总第57辑 2021（2）/陈文胜主编. —长沙：湖南师范大学出版社，
2021.8

ISBN 978-7-5648-4328-1

Ⅰ.①中… Ⅱ.①陈… Ⅲ.①农村－社会主义建设－中国－丛刊 Ⅳ.①F32-55

中国版本图书馆CIP数据核字（2021）第171704号

ZHONGGUO XIANGCUN FAXIAN

中国乡村发现　总第57辑 2021（2）

陈文胜　主编

出 版 人｜吴真文
责任编辑｜彭　慧　廖小刚
责任校对｜吕超颖

出版发行｜湖南师范大学出版社
　　　　　地址：长沙市岳麓山　邮编：410081
　　　　　电话：0731-88853867　88872751
　　　　　传真：0731-88872636
　　　　　网址：http://press.hunnu.edu.cn/
经　　销｜湖南省新华书店
印　　刷｜湖南雅嘉彩色印刷有限公司

开　　本｜710 mm×1000 mm　　1/16
印　　张｜10
字　　数｜150千字
版　　次｜2021年8月第1版
印　　次｜2021年8月第1次印刷
书　　号｜ISBN 978-7-5648-4328-1

定　　价｜25.00元